梁启超在饮冰室

王蒙

梁启超在饮冰室

汪兆骞 著

中国出版集团
现代出版社

图书在版编目（CIP）数据

梁启超在饮冰室 / 汪兆骞著. --北京:现代出版社, 2024.5
ISBN 978-7-5231-0836-9

Ⅰ.①梁…　Ⅱ.①汪…　Ⅲ.①梁启超（1873—1929）—传记　Ⅳ.①B259.15

中国国家版本馆CIP数据核字（2024）第080229号

梁启超在饮冰室

著　　者　汪兆骞
责任编辑　乔先彪　姚冬霞

出 版 人　乔先彪
出版发行　现代出版社
地　　址　北京市安定门外安华里504号
邮政编码　100011
电　　话　(010) 64267325
传　　真　(010) 64245264
网　　址　www.1980xd.com
印　　刷　北京新华印刷有限公司
开　　本　710mm×1000mm　1/16
印　　张　19.25
字　　数　214千字
版　　次　2024年5月第1版　2024年5月第1次印刷
书　　号　ISBN 978-7-5231-0836-9
定　　价　72.00元

青年梁启超

老年梁启超

1906 年，梁启超与梁思成（左一）、梁思顺（右一）、梁思永（右二）

1910 年，梁启超抱着三岁的思忠（右）和两岁的思庄

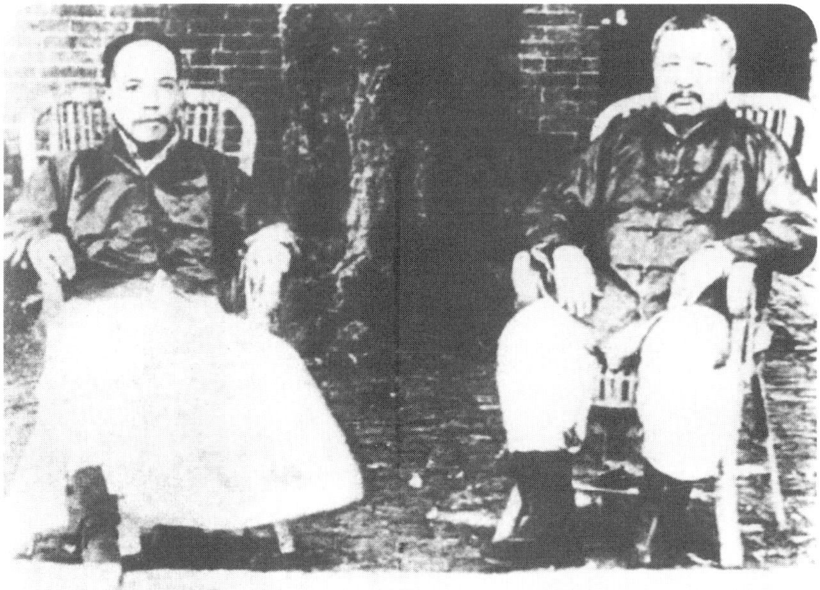

护国军都司令岑春煊（右）和都参谋梁启超（左）

1914 年，进步党要人蔡锷（前排左一）、梁启超（前排左四）

1916 年，肇庆军务院（左起：林虎、李根源、蒋百里、莫荣新、谭浩明、岑春煊、梁启超、李烈钧、李耀汉、高尔登）

1919 年梁启超等在法国参加巴黎和会

1924 年，梁启超与泰戈尔

写作中的梁启超

目 录

CONTENTS

楔　子

梁启超由日本归国，在津门筹建饮冰室

甲午战后，中华陷入深重的民族危机和社会危机，康有为（字广厦，号长素）、梁启超（字卓如，号任公）等维新志士，毅然承担起领导改良、革命、推动中国向近代化方向发展以救国的历史重任，发动了资产阶级改良运动“戊戌变法”，在自我启蒙的同时，也以“鼓民力、开民智、新民德”为己任，鼓吹变法，以救亡图存，宣传民权、传播“新学”。戊戌政变失败后，梁启超等总结失败教训，借鉴各国变法经验，认为“吾国言新法数十年而效不睹者，何也？则于新民之道未有留意焉”，“欧洲所以发达，世界所以进步，皆由民族主义所磅礴冲击而成”，提出“新民为今日中国第一急务”。发起一场以“新民”即改造国民精神为中心的全面、广泛的思想启蒙运动。

“百日维新”运动失败后，梁启超始流亡海外，办《清议报》，又于 1902 年创《新民丛报》《新小说》。其间“脑质为之改易，思想言论与前者若出两人”。他逐渐摆脱康有为的托古改制、三世之义理论体系，以西方资产阶级的自由、民权、进化思想为理论支柱，以“新民”改善和提高国民素质为目的，开始新一轮思想启蒙宣传，并以多种形式，批判传统思想，揭发社会积弊，宣传新学思潮，鼓吹“政治革命”，其宣传产生了广泛而深刻的社会影响。漫长的流亡生涯，不懈的宣传斗争，使他被誉为“舆论界之骄子”“思想界之先锋”。

毅然归国，是战士转战新的战场。诗曰：“感时思报国，拔剑起蒿莱。”（陈子昂）

梁启超是在 1911 年 11 月 6 日搭乘日本轮船“天草丸”归国的。大海茫茫，寒风呼啸，他凭栏远眺，自然忆起漂泊流亡海外十三年的情景，海外生活不仅没有磨灭他的雄心壮志，反而成就了他胸中的韬略和自信。

梁氏之笔，抵得上十万雄兵，委实为近代学子最雄健的一支，“其文思墨沛，几如风雨骤至，流水汤汤，亦如泉之奔涌，不择地而出，常常是日试万言，倚马可待”（《世纪风铃》）。正如他自己所说，“平昔眼中无书，手中无笔之日绝少”。一介书生，就凭手中之笔，参与晚清至民国几乎所有社会历史政治事件。其笔墨遗存非一般过眼烟云，直可作为重要历史资料。这些笔墨文字，影响了中国社会的走向，写就了他自己辉煌的一生。

想到就要回到家园，将要干一番大事业，梁启超胸中便涌出了诗篇：“泠泠黄海风，入夜吹我裳。西指烟九点，见我神明乡。昔为锦绣区，今为腥血场。嗷鸿与封豕，杂厕纷相望。兹括安可触，弛恐难复张。仰视云飞浮，俯瞰海汪洋。天运亮可知，回向恻中肠……”

“天草丸”三天后抵达大连港。

见到久别的故国山河笼在萧条肃杀的阴霾中，梁启超不禁倏尔泪下。一切变得扑朔迷离，将怎样收拾这旧山河！

梁启超的脚刚踏上故国的时候，袁世凯（字慰亭）派人到石家庄刺杀了吴禄贞，又罢免了蓝天蔚。而这两个手握重兵的人物，正是梁启超归国后要倚仗的重臣。此二人被除，袁世凯便控制了禁卫军等要害部门。这样，梁启超原来想挟兵勇入北京定大局的计划，灰飞烟灭。书生梁启超并未绝望，他认为，京城清廷内部在此乱局，会不利于立宪党和革命党，于是便冒险进京，“身赴前敌”，以占先机。

此时，对梁启超“终身敬之如师”的奉天（沈阳）督练所总参谋蒋方震（字百里），前来与其晤谈。这让梁氏心中大喜，有“百数十军士”可供驱使，可免去单刀赴会之尴尬。

接着又有在京师活动的亲信汤觉顿急匆匆来到奉天，告诉梁启超京师方面已有防备，万万不能飞蛾扑火。在大连的熊希龄（字秉三）

也打来电话，云形势大变，劝其再返日本避难。

梁启超再次乘船到了日本，同时密切关注国内政局的变化，并著文《新中国建设问题》，纵论世界大势，指出中国未来发展的可能性、必要性，分析了单一国体和联邦国体的问题以及虚君共和政体和民主共和政体的问题，提出英国式的虚君共和政体适宜于中国："吾民族中有孔子之裔衍圣公者，举国世泽之延未有其比也。若不得已，而熏丹穴以求君，则将公爵加二级，即为皇帝。"这反映了梁启超面临革命大变局的进退失据。梁公与康有为，一直想为中国人寻找皇帝，他们二位此举，在辛亥革命之后，实在不得人心。

在梁启超苦心孤诣地为中国设计"虚君共和"之时，他万万没想到，在 1912 年伊始，孙中山乘坐京宁线火车，到南京去就任中华民国临时大总统。

晚，孙中山在授任大总统的典礼上发表誓词："颠覆满清专制政府，巩固中华民国，图谋民生幸福，此国民之公意，文实遵之，以忠于国，为众服务……"

孙中山宣布改国号为中华民国，1912 年为民国元年。

远在日本的梁启超听闻，震惊不已。短短时间，国内竟发生了天翻地覆的变化，奇迹般诞生了一个新的中国。他感到自己被国家抛弃，被时事抛弃，成了一个可怜的局外人。

但梁启超毕竟是一个在政坛沉浮多年的人，凭他的经验，中国的政局仍存在太多的变数，实力派袁世凯，将是一个能左右大局的关键人物。时袁世凯已向他做了种种不同寻常的表示，梁启超决定立即回国。政治舞台少不了他。

1912 年 2 月 12 日，清帝颁布退位诏书，溥仪成了逊帝。两天后，曾是清廷重臣的袁世凯，从孙中山手里接任临时大总统之职。梁启超即发贺电，祝袁就任。接着，梁启超又写长信，献上安邦定国之策，并表示愿为其服务、与之合作之意。

梁启超除了联合袁世凯，已无路可走，但以他的性格，岂能表现得甘当别人的奴才，令世人耻笑？2月23日，他决定给袁世凯写信，表示愿意合作，颇费了一番心思。这信写得字斟句酌，既能让袁感到他诚心诚意为其效力，又不能显出卑躬屈膝之态：

欧阳公有言“不动声色，而厝天下于泰山之安”，公之谓矣。三月以前，举国含生，汲汲顾影，自公之出，指挥若定，起其死而肉骨之，功在社稷，名在天壤，岂俟鲰生揄扬盛美者哉！今者率土归仁，群生托命，我公之所以造福于国家者，实仅发端，而国民所为责望于我公者，益将严重。

在袁世凯的催促和各界人士的敦请下，梁启超再度买舟归国，于1912年9月底自神户起程。

10月5日，邮轮抵达大沽，8日到天津。在给长女梁思顺（字令娴）的信件中，梁启超述舟中生活：

登舟吸纳海风，宿疾全愈，胃气逾壮。门司展轮之翌晨，风颇剧，第三日至平稳，第四日之夕，又遇大风，并我亦觉体中不适，荷丈（汤觉顿，原名叡，又名为刚，字觉顿，受业康门后号荷庵）则几于无心人世矣。惟尔二叔饮啖更健，真可人也。此次因船小无散步处，闷守小室中，殆无复海行之乐，幸同行有数人，得谐谈消遣耳。因风稍迟数时乃到大沽，初五晨十时到沽。遂不能趁早潮直至，今初五晚十时可进，明日破晓登岸也。

船到步〔埠〕后，尚须候一日，此真天下所无，此中国之所以为中国欤！

梁启超到天津后，住旬余日，几日来“无一刻断宾客”，唐绍仪及前直督张锡銮来谒，赵秉钧、段祺瑞皆派代表来问候，“门簿所登已逾二百人矣。各省欢迎电报，亦络绎不绝，此次声光之壮，真始愿不及也”（民国元年十月十一日《与娴儿书》）。

北京的《顺天时报》对先生抵天津后的活动也有报道：

先生因直督派人远迎，日本领事、王交涉使及杨警道招待一切，午后二时特分往各处投刺，除日领因病未晤，余皆延入畅谈。直督素倾慕先生，谈话尤为诚恳。谓建设民国事业，非先生莫属云……

时国民党欢迎其入党，也专人来劝驾，“然此安可者，只有拒绝之而已”。共和、民主两党大约两旬后联合，两党员皆有“哀鸣思战斗，迥立向苍苍”之决心。

为此，梁启超于10月20日入京。袁世凯致敬尽礼，“预备军警公所为行馆”，“各界欢腾，万流辏集前途气象至佳”。梁启超在京居住十二日，赴会十九次之多，每日都是沉于各界热烈欢迎的场景中，可谓“人气集于一身”。在梁启超看来，“上自总统府、国务院诸人，趋跄惟恐不及，下则全社会，举国若狂”。

梁启超于11月1日复返天津。不久，俄蒙协约案发生，京城风起云涌。“内阁殆将必倒”，此难题将落在梁启超身上。他是“抵死决不肯就”的，如相逼，他决定再次赴日。

果然，俄蒙事发，梁启超家几成国务院。政府狼狈求救，社会沸热如狂，梁启超只能苦苦应付。他“烦躁异常，又见国事不可收拾，种种可愤可恨之事，日接于耳目，肠如涫汤，不能自制”（民国元年十二月二十日《与娴儿书》）。

1913 年 2 月，梁启超正式加入共和党。他在给长女的信中说：“吾顷为事势所迫，今日已正式加入共和党，此后真躬临前敌也。”当时，国会议员以二百八十八人为半数，共和党得二百五十人，民主党约三十人，统一党约五十人，剩下的便是国民党。共和、民主、统一党欲推梁启超为第一内阁主政，梁启超不就，因他知道，“借款各路俱绝，政局危险不可言状，此时投身其中，自谋实拙”。

3 月 3 日（阴历正月二十六），梁启超寿日，京、津诸友庆祝于天津孙家花园，“作种种娱乐之具”，放爆竹数万，热闹非常。诸友斗牌，梁启超“得博进四百余，足敷明日还席之用”。但“国事杌陧（不安定之意）”，他感到十分不安。果然，当月受袁世凯之邀，赴京开会的国民党领袖之一宋教仁，在上海沪宁车站被刺身亡，举国骇然。

梁启超对国事十分失望，“待议员到京后，训练月余，尚思往南省一行”。国内种种混乱腐败之象，笔安能罄，几与妖魔周旋，不知如何去办，深受其苦。更让他不解的是，宋教仁被刺，外界竟将自己列入重大嫌疑者。

3 月 25 日，梁启超在给长女梁思顺之信中说：

第三十三号禀悉。吾多日来为政界恶现象所激刺，心颇不适，然每得汝书及作书与汝，总算一乐事也。宋氏之死，敌党总疑是政敌之所为，声言必报复，其所指目之人，第一为袁，第二则我云。此间顷加派警察，保护极周，将来入党后更加严密，吾亦倍自摄卫，可勿远念。南行则决作罢论矣。合党事中变与否，尚未可知。吾则俟一切整备发表时乃入都。在中国政界活动，实难得兴致继续，盖客观的事实与主观的理想，全不相应，凡所运动皆如击空也。东中游观之乐，只劳梦想耳。

今日往友人处看了一日古董，稍解烦襟。

自宋案一出，梁宅每日无一刻断客，梁启超还要埋头写文，如“新党之宣言书”，所以他“精神惫倦已极”，苦不堪言。他认为，“新党亦决办不好”，自己既不能置身事外，又不值得与之俱毙，决定半积极半消极。自己“性质与现社会实不相容，愈入之愈觉其苦”。处天津可不常居京，计良得也。这也是他在天津购地，拟建居所的重要原因。

关于沸沸扬扬的宋教仁案，梁启超曾表示：“吾与宋君，所持政见时有异同，然固确信宋君为我国现代第一流政治家，歼此良人，实贻国家以不可复之损失，匪直为宋君哀，实为国家前途哀也。比闻元凶已就获，国法所在，当难逃刑，然虽磔蚩剚莽，曾何足以偿国家之所丧于万一者。诗曰：‘作此好歌，以极反侧。’辄为此篇，以寄哀愤。”（《庸言报》第一卷第九号）

过了几日，4 月 9 日（阴历三月初三），梁启超邀集各界名士四十余人修禊于京西万牲园。万牲园是前清三贝子花园，京津第一幽胜地，牡丹海棠极多，时皆含苞待放。“老宿咸集”，修禊赋诗，林琴南、姜颖生有画配之。

4 月 14 日，共和党理事长黎元洪（字宋卿），也在万牲园宴请该党参、众两院议员，与会者达三百余人。席间，梁启超发表了三小时的演说，题为“共和党之地位与其态度”，详细论述了共和党以后应持的态度和应注意的事项。

自政府下令召集国会以来，各党纷纷竞选，梁启超目睹国事、党事之无望，常常有消极态度。4月8日，国会开会，梁因见国民党胜利、共和党失败的结果，以及种种党事的纠纷，一度想放弃政治生活，心绪颇为恶劣，但又考虑“为今日之中国人，安得有泰适之望，如我者则更无所逃避矣”。

统一、共和、民主三党合并问题，酝酿数月，方合并成功，名进步党。梁启超任理事。5月29日，进步党于京师举行成立大会。31日，《申报》记其事：

> 昨日进步党成立会到千五百余人，梁任公、孙武、王印川并有演说，秩序甚整。并举黎元洪为理事长，梁启超、张謇、伍廷芳、孙武、那彦图、汤化龙、王赓、蒲殿俊、王印川为理事。

6月15日，进步党开会讨论时局问题。梁启超为主席，其演说略谓：现今时局所极应研究者，为总统与宪法之问题。他主张先定宪法，后兴总统。总统仍推袁。

7月12日，李烈钧据江西湖口，宣布独立，二次革命爆发。

8月15日，梁启超与陈焕章（字重远）、夏曾佑（字遂卿，又作穗卿）等人上书参众两院，请于宪法中明文规定孔教为国教。此议后被宪法起草委员会多数否决。

9月，政府军克复南京，梁启超被任命为司法总长。之后，梁对于安置同学、同志的事感到困难，发表《告乡中父老书》，当中说“启超顷以时局艰难，勉负职任，只图负责，不敢怙权”，仰乡中父老兄弟人等不要为谋私利而让他为难。

10月6日，国会选举袁世凯为正式大总统。次日选举黎元洪为副总统。

梁启超入阁，举国瞩目，都以为指挥当日政府者乃梁启超。所以国民党被解散后，全国舆论多归罪梁启超。当日进步党党员众议院议员刘伟致梁启超的一封信可证：

……自公等入阁，何为以破坏国会为初哉首基之政策耶……国事巅崄，人心疑虑，众怨既归，想先生亦百口难辞。不佞于公服膺甚至，忝在同党，谨以迂阔不入耳之言进，幸赐省裁。（民国二年十二月七日刘伟《致任公先生书》）

实则，刘伟诸人错怪了梁启超，7 月 25 日其《上袁大总统书》中说“前日因公余俱乐部所逮捕之人，有数议员在内，国民党中大起恐慌，其议员纷纷出京，其党中魁杰之主持阴谋者，即思利用此时机，以消极的手段破坏国会”，暗指袁氏操纵，肆意抓捕议员，企图解散国民党乃至政府。

1914 年，政府宣布停止两院议员职务。2 月，梁启超被任命为币制局总裁。梁启超数次请辞司法总长一职，但袁世凯始终慰留，后来终于同意。梁启超向部属报告辞职原因，十几年后其部下余绍宋（字越园，早年曾用樾园、粤采、觉庵、觉道人、映碧主人等别名）给朋友的一封信，道出了真相：“袁氏颇欲尽废新立法院，恢复旧制，任公力争之。”（民国十八年五月二十八日余绍宋《致在君先生书》）不行，故梁启超请辞。但梁启超在维护司法，在困难环境中的奋斗精神，不少同人有文字记述。

辞去繁忙的司法总长之职，梁启超便投身天津寓所的建造工程。梁启超于 1914 年底购买了天津意租界西马路（今民族路）周氏的地皮，近四亩，由梁启超自己设计，经意租界工部局工程处审定后，开工建造。

梁启超原在北京是有住宅的，那是旧帘子胡同里一个偌大的四合院。他知道，京城乃天子脚下，是政治中心，各种矛盾错综复杂，对一个政治家来说，非安全之地。所以他在从日本回国之后，就在天津日租界住了下来，租界地不归清政府管辖。

在梁启超的监督下，楼宇顺利建成，为砖石木结构二层意式楼房，简洁恢宏，与周边建筑颇为和谐。前后共有两幢，楼与后楼有走廊、天桥连接，成为一个主体，建筑面积总共是一千一百五十九平方米。前楼为主楼，有地下室、过厅、起居室、书房等，东北侧建有八角形塔楼。后楼有厨房、客房、杂物间、用人房和锅炉房等。

主楼外墙为水泥本色，与深色大门和无数长方形采光、通风极好的双槽窗套相映衬，显得典雅考究。楼内配备了当时先进的卫生设备和冬季供暖设备，房间陈设布置舒适。

梁启超全家是于 1915 年，宅院的房舍建好并装饰一新后搬进西马路二十五号新宅的。一、二层由互通的隔扇门分为东西两部分。东部是梁启超专用，楼上是书斋、图书馆室和浴室，楼下是过厅、小书房、客厅和起居室。西部为家人居住之所和客人留宿之舍。

十年后，幼子梁思礼出生，家中总共有十几口人，梁启超的大量藏书也开始无处安放。院子里还有空地，1924 年，梁启超请意大利设计师白罗尼欧设计，在西马路二十五号院内旧楼西侧，盖了一幢两层带地下室的砖木结构小楼。建筑面积比旧楼小些，约为九百五十平方米。

新楼建筑风格与旧楼迥然不同，颇具当时欧洲流行的风格，极富个性，楼门建有三连拱券廊厦，门顶有平台。两侧为石阶，一蓄水池居中间，一大理石雕成的石兽，口中常年喷出清泉，极具观赏性。

一楼大厅，光线明亮，宽敞高调，夏季梁启超就在此开办“饮冰室暑期讲学馆”。大厅的周围有五间房，其中四间是梁启超的书房和图书资料室，满墙图书，另一间杂用。二楼靠西北角，也是一间大厅，中间放一张长桌，周围放置十把红木椅。这里主要用于接待军政界人物及社会名流。靠东南角的几间房，是梁启超的卧室及图书资料室。

新楼建成，梁启超并未入住，而应友人之请，租为中原公司专营贸易之办公楼，后租赁期满，收回自用，将“饮冰室”书斋之名专用于此楼。

梁启超的幼子梁思礼回忆幼年生活时，写道：“饮冰室是父亲写作的地方……书房里面的大书柜也给我留下了很深的印象，书柜上面摆满了线装书，他收集的许多珍本奇本，都汇集在那里。”

“饮冰”二字，语出《庄子・内篇・人间世》：“今吾朝受命而夕饮冰，我其内热与？”意为极度恐慌、焦灼。成玄英疏：“诸梁晨朝受诏，暮夕饮冰，足明怖惧忧愁，内心熏灼。”梁启超自云：“性禀热力颇重，用世之志未能稍忘。”说得贴切。

梁启超曾有《读陆放集》组诗，表达自己对国家命运、人民生计的忧患焦灼之情，其一云：

辜负胸中十万兵，百无聊赖以诗鸣。
谁怜爱国千行泪，说到胡尘意不平。

早在1902年于日本横滨创办《新民丛报》时，梁启超就曾以笔名“饮冰子”发表作品，如《小说与群治之关系》。后又在该报开辟《饮冰室诗话》专栏，撰写了不少诗话，这是笔名“饮冰室”首次出现。同年，梁启超又在横滨创办《新小说》杂志，创作小说《新中国未来记》在上面连载。这是中国第一部连载小说，小说发表时署名“饮冰室主人”。同年岁尾，上海广智书局出版了梁启超的《饮冰室文集》。梁启超逝世后，1936 年，中华书局出版发行了四十册一百四十九卷约一千四百万字的《饮冰室合集》。于是，“饮冰子”“饮冰室主人”成为梁启超的代名词。梁启超的文字广为流传，其大名如雷贯耳。

梁启超好学勤思，其才学综合了旧学根底与西学，其思想敏锐，善于抓住问题的实质，因此其笔端多带丰沛的感情，叙述畅达，气势如虹，论辩锐不可当。当然，梁启超的文字亦有缺憾，对世事时潮反应近切，未经提炼，显得杂芜，难免有局限。此不多论。

书斋自古是读书人的精神家园，历代文人雅士皆讲究书斋的命名，书斋名或以自勉，或以寄情，或以明愿，故多意味隽永，饶有情趣。梁启超一生书房颇多，书房名也多，如“自由斋”“晦庵”“揽翠山房”等，对“饮冰室”尤为钟爱，1924 年，新楼落成，“饮冰室”这一个虚拟的文化符号，变成了一座壮丽的建筑实体，梁启超真正成为“饮冰室”主人。

从 1915 年始梁启超搬进旧居，再到后来搬进“饮冰室”，至 1929 年病危，一共十四个寒暑，如其过往，挟其历史上显赫的地位，旋进旋退于军阀官僚、奸雄宵小之间。一介书生，参与了民国初年几乎所有的重要社会历史活动，其身影出现在波诡云谲的烟云之中，其文章遍涉政治、经济、文化、思想各方面的问题，其笔墨遗存非过眼风尘，而是重要的历史资料，见证了历史的种种景象。正所谓：“万事祸为福所倚，百年力与命相持。立身岂患无余地，报国惟忧或后时。”（梁启超《自励》）

民国后从政，袁世凯称帝后的讨袁发起人之一籍忠寅（字亮侪）挽梁启超之诗，要语不繁，对一生大义之历史人物的春秋功罪，讲得泾渭分明，褒贬有据，诗曰：

天道无常更莫论，康强奄没病夫存。
铭章本拟烦宗匠，泪眼翻成哭寝门。
一死一生疑是梦，九天九地欲招魂。
只知此别私心痛，俎豆千秋未是尊。

万派横流置此身，平生怀抱在新民。
十年去国常望楚，一语兴邦不帝秦。
最有昨非今是想，几为出死入生人。
羊昙忍过西州路，零落出邱不复春。

四海风声诚远矣，一时讥谤亦随之。
早年手定熙宁法，晚岁名题元祐碑。
朋党异同何足论，春秋知罪两难辞。
区区未觉阿私好，从小文章入肾脾。

论学差如井灌园，一时黄槁变青繁。
彼天本以人为铎，举世相忘水有原。
积粪偶然金可没，斯文未信火能燔。
沧江千古清无改，不必巫咸下问冤。

有人说，梁启超住进饮冰室后，几乎谢绝宾客，不谈政事，只埋头著述。

埋头著述不假，但说其不问政治不当。梁启超在津门饮冰室十四个春秋，从未忘记国事、家事、天下事。下面，本书按时序呈现梁启超先生在津门饮冰室时期发生的事迹。

第一章

袁世凯复辟称皇帝，策动蔡锷建护国军

乙卯（1915），梁启超四十三岁。

正月，中华书局聘为《大中华》主任撰述。18日，日本向中国提出要求条件二十一条。

2月，袁世凯聘梁启超为政治顾问。

3月，袁世凯令梁启超考察沿江各省司法教育。

4月，梁启超回广东老家省亲，兼庆父寿。

5月9日，政府承认日本提出关于二十一条件之最后通牒。

6月，梁启超由粤北返，过南京时，与冯国璋谈帝制问题，当即偕冯入京谏袁。

7月3日，参政院推定梁启超与李家驹等十人为宪法起草员。

8月14日，杨度、严复、刘师培等人在北京发起筹安会，为袁称帝造舆论。梁启超针锋相对，写《异哉所谓国体问题者》檄文批判。

12月9日，梁启超离开天津，起程南下，与蔡锷（原名艮寅，字松坡）合作从事倒袁运动。25日，云南宣布独立，蔡锷组建护国军，进行讨袁。

1915年1月，袁世凯长子袁克定设宴款待梁启超。席间，袁克定、杨度等诋毁共和制，转达袁世凯想变革国体的想法，征求梁启超是否同意他们的意见。梁启超当场表示反对，并详陈国内外的危机，提出共和是唯一的正确选择。

也是1月，中华书局创办《大中华》杂志，特聘梁启超担任总撰述，出版，订三年契约。杂志《宣言书》里说：

> 梁任公先生学术文章海内自有定评。窃谓吾国中上流人稍有常识，固先生之功居多，而青年学子作应用文字其得力于先生者尤众。吾《大中华》杂志与先生订三年契约，主持撰述。

梁启超在天津为《大中华》杂志撰凡数千言之《发刊辞》，文中对当时亡国的种种现象分析得详尽透彻，其中说：

> 问者曰：吾子不云乎，我国民积年所希望所梦想，今殆已一空而无复馀。夫我国民前此固共信国之可救也，奔走谋救之者，亦既有年，仁人志士既竭心力继之以血者，且不知几何姓矣，而结果竟若此。自今以往，即共持吾子所谓明了坚强之自觉心者，而报国亦有何道？应之曰：不然，我国民前此之失望，政治上之失望也。政治不过国民事业之一部分，谓政治一时失望，而国民遂无复他种事业，此大惑也。且政治者，社会之产物也，社会凡百现象皆凝滞窳败，而独欲求政治之充实而有光辉，此又大惑也。夫今日之政治与吾侪之理想的政治甚相远，此何必讳言者。虽然，平心论之，在此等社会之上，其或者此种政治，尚较适切，易以吾侪所怀想者，其敝或且

更甚于今日。盖谁与行之，而谁与受之者？吾以为中国今日膏肓之疾，乃在举全国聪明才智之士，悉辏集于政治之一途。

1月18日，日本向中国提出要求条件二十一条。时梁启超在天津的著述多涉及日本外交问题，此类文章皆刊登在《京报》和《国民亚细亚》等报上。2月，梁启超给张一麐（字仲仁）的一封信，谈及他对外交问题的态度：

顷都中一友人其人在东交民巷，交际极广。有电话来，言得确实消息，谓小鬼曾以要求条件十一款通告英、俄等国，而所通告者与其所要求我者大不同，英国洞悉其奸，正有所以待之，小鬼着急，顷极力运动我政府，抽换原条件云云，不审果有此事否。若有之则主座当必有以处之,决不受其播弄也。既有所闻，故以走告。主座批陆使电呈语诵悉。爱护之深,感激岂可言罄，当遵慈谕，益自矜慎，惟义愤所迫，遂不能多所瞻顾，昨又寄一文去矣。

英文《京报》初约弟作文时，弟与严订契约，谓言论须完全独立，若有他人授意彼报，强我作者，我即立刻与彼报断关系，且穷诘其资本所自来，彼言绝无外资，弟乃应其聘。小鬼含沙之射，吾固不能禁其不射，彼亦终不能禁吾不言也。魔鬼日来对于我种种运动，可笑可愤，弟之避地，颇亦避彼之相嬲耳。

2月，袁世凯聘梁启超为政治顾问，3月又派其考察沿江各省司法教育事宜。梁启超皆未受命。

4月末旬，梁启超赴原籍广东省亲，为其父莲涧先生贺寿。“老人康豫欢悦，自不待言，抑几于全城雷动矣。”在八旗会馆开宴，官绅商咸集，热闹非凡。其间，有“乱党九人，各挟爆弹，拟到乡祝寿”，乃伺机谋杀，后被官兵破获。官兵死一人，伤八人。可见梁启超开始被人追杀，但幸免于难。

梁启超由粤北上，途中游沪、宁、杭州、苏州等地，以考察世情。过宁时，曾与冯国璋晤谈帝制问题，是时北京进行其事甚烈。所以梁启超于6月底偕冯国璋入京。

冯国璋未见袁世凯之前，就对梁启超说：“我的辩说能力远不如你，而实力你不如我，我们二人联手开导袁氏，或许能挽救危机。”

梁启超接受冯国璋的意见，用一昼夜草拟进谏纲要。

梁启超和冯国璋来到总统府。袁世凯对二人到访十分高兴，设宴款待。宴席上，梁启超准备发言，袁世凯立刻笑曰：“你们二人来访，我知来意，想劝我不做皇帝。但我问二位，我袁某欲做皇帝者，究思做一代皇帝而绝种乎，抑思做万代皇帝而无穷乎？”

梁启超和冯国璋二人听罢，十分愕然。袁世凯又笑道：“余非痴人，自然欲做万代天子。”接着，他叹息曰：“我有豚犬二十余人，我将尽数呼出，站立于你们二人之前。任公，君最善知人，我即托任公代我选择一子，可以继立为皇帝，可以不败我帝业，不致连累掘我祖坟者。任公，待君选出之后，我再决定称帝，如是者可以称帝二代。”

梁启超和冯国璋二人听罢，相视一眼，无言以对。此次劝谏无果而终。

后来，梁启超在《国体战争躬历谈》中说：“袁氏语我及冯将军，皆矢誓不肯为帝，其言甚恳切。”

出了总统府，梁启超便乘车回天津寓所。

7月6日，宪法起草委员会举定梁启超等十人为起草委员。《申报》有文说："七月六日大总统申令宪法起草为约法上制定宪法程序之一，现据参政院呈报，业经依法推举李家驹、汪荣宝、达寿、梁启超、施愚、杨度、严复、马良、王世微、曾彝进为宪法起草委员，自应由委员依法组织宪法起草委员会，所有该会纪录事务暨一切事务，著派林长民（字宗孟）办理，此令。"

梁启超自宪法起草委员会成立之后，仅进京赴会两三次，即不再往。

梁启超参加宪法起草委员，朋友有不满，社会舆论也多非议，他因此写下《宪法起草问题答客难》，声明理由和立场："吾于现时制定宪法，其所怀疑者如右，然而犹就此职者，则以其所拟者为中华民国宪法草案故。'子贡欲去告朔之饩羊，子曰：赐也，尔爱其羊，我爱其礼。'吾之不舍，犹斯志也。若夫全案精神乎，条文内容乎，宁复有讨论之价值。"

8月14日，杨度、严复、刘师培诸人，为袁世凯恢复帝制在京发起筹安会，鼓噪之声甚嚣尘上。袁世凯为恢复帝制而加紧筹划，梁启超与蔡锷取得了联系。蔡锷是梁启超任职长沙时务学堂时的弟子，曾任云南都督，后被袁世凯调到北京任虚职。

8月15日，蔡锷悄悄来到天津拜见恩师。而后便有了到汤觉顿家共商讨袁之举，"为四万万人争人格起见，非拼着命去干这一回不可"。

后来，梁启超在1922年12月25日为南京学界全体公开讲演的《护国之役回顾录》中谈道：

民国三年（1914）年底，袁世凯的举动越看越不对了，我们觉得有和他脱离关系之必要，我便把家搬到天津，我自己回广东去侍奉我先君，做了几个月的乡间家庭生活。那年阴历端午前后，我又出来，到南京顽耍。正值冯华甫（冯国璋）做江苏将军，他和我说，听见要办帝制了，我们应该力争，他便拉我同车入京，见袁世凯，着实进些忠告。不料我们要讲的话，袁世凯都先讲了，而且比我们还痛切，于是我们以为他真没有野心，也就罢了。华甫回南京做他的官，我回天津读我的书。过了两个多月——我记不清楚是那一天——筹安会闹起来了。筹安会发表宣言的第二日（1915 年 8 月 15 日），蔡公（蔡锷）从北京搭晚车来天津，拉着我和我们另外一位亲爱的朋友——这个人现还在着，因他不愿意人家知道他，故我不说他的姓名——同到汤公觉顿寓处，我们四个人商量了一夜，觉得我们若是不把讨贼的责任自己背在身上，恐怕中华民国从此就完了。因为那时旧国民党的人，都已逃亡海外，在国内的许多军人文人都被袁世凯买收得干干净净。蔡公说："眼看着不久便是盈千累万的人领王莽功德，上劝进表，袁世凯便安然登其大宝，叫世界看着中国人是什么东西呢？国内怀着义愤的人，虽然很多，但没有凭借，或者地位不宜，也难发手。我们明知力量有限，未必抗他得过，但为四万万人争人格起见，非拼着命去干这一回不可。"

梁、蔡等人发起的护国战争，实际就是反对袁世凯复辟帝制的武装斗争，正是护国战争推翻了洪宪帝制，将窃国大盗袁世凯埋进了坟墓。

在护国战争中，文人梁启超扮演了军师的角色，正是在他的精心策划和指导下，护国战争取得了胜利，袁世凯的帝制梦变成了一枕黄粱，呜呼哀哉。

梁、蔡、汤三人一致认为，武装斗争唯一的实力，就是蔡锷在云、贵的旧部，但按照交战双方的实际情况，有几个难题。

其一，要发动蔡在云、贵的旧部，必须由蔡锷亲自指挥，还要抓紧时间，若请旧部到京，然后再回云、贵，得三个月时间，会贻误战机。

其二，反袁，梁是用笔，蔡是用兵，如何不被袁发现，也是难题。

于是，二人上演了一场双簧戏，梁写《异哉所谓国体问题者》作为檄文，而蔡在京联合诸多军官，表示支持帝制，来迷惑袁世凯。

不过，袁世凯一直怀疑蔡锷有二心，一直设法监视防备。

蔡锷被袁世凯调到北京，名为升迁，实为控制。因为蔡锷是拥有兵权的云南都督。蔡锷处处谨慎，隐蔽得自然妥帖。甚至在北京军人发起改行帝制请愿之时，蔡锷也表现得非常积极。在谈到梁启超时，他说:“先生是位好人，只不过书呆子气太重，不识时务。”“他做不成什么大事。”消息传到袁世凯那里，袁世凯不无欣慰:“我看松坡（蔡锷字）不错，过去我误认为他伺机谋反，竟看错了人。”袁氏浑然不知一只猛虎正在他身边卧薪尝胆，他马上就要坐上皇帝的宝座，接受百官朝贺，于是放松了警惕。

就在乙卯夏秋之交，蔡锷、梁启超、汤觉顿正紧锣密鼓地策划武力反袁。为了掩人耳目，蔡锷还殷勤前往八大胡同陕西巷小凤仙处，两人的风流韵事，广为流传。袁世凯心中暗喜，自古英雄难过美人关，英雄气短，必成不了大事。袁世凯终于放心了。

蔡锷带来京城筹安会鼓噪恢复帝制的信息，孙中山等人流亡海外，国内许多官吏和军人，皆被袁世凯收买，反袁讨袁进行得非常艰难。

梁启超说:“我的责任是用笔宣传言论，唤起国人反对帝制的热忱。”

蔡锷说:“我在军界深自韬晦，集聚力量，密图匡复。”

众人商定，由汤觉顿等人先赴云南，王伯群赴广西做准备。又计划让蔡锷先去日本，再回云南，梁启超先到上海，再赴广西。反袁的重要人物，避开北洋军的实力，在西南地区建立护国大本营。

梁启超送蔡锷离开自家寓所时，对他说：“松坡，反袁称帝全靠你了！”他一直看着蔡锷的背影消失……

同时，梁启超写《异哉所谓国体问题者》一文，并在8月23日给长女梁思顺的信中表达对筹安会活动的不满：“已作一文，交荷丈带入京登报，其文论国体问题也。若同人不沮，则即告希哲，并译成英文登之。吾实不忍坐视此辈鬼蜮出没，除非天夺吾笔，使不复能属文耳。”《异哉所谓国体问题者》所论反对变更国体的理由，详尽而有力，痛斥帝制之非，并云如果由此行之，就令全国四亿人皆赞成，梁启超自己一人断不赞成。

8月20日，《异哉所谓国体问题者》在《大中华》杂志发表，接着，全国各大报纸纷纷转载，文名震动国内外。蔡锷对此文评价道：“先生居虎口中，直道危言，大声疾呼。于是已死之人心，乃振荡昭苏，先生所言全国人人欲言，全国人人所不敢言。抑非先生言之，固不足以动天下也。”

9月3日，《异哉所谓国体问题者》在英文《京报》的汉语版发表，洛阳纸贵，一报难求。京城人人都在阅读梁启超的文章，反对复辟深入人心。

9月4日《申报》转载梁启超与英文《京报》记者的谈话，足可见梁启超对筹安会的坚决反对态度和十余年一贯的政治主张。英文《京报》采访时，梁启超正患赤痢，在病榻前接受了采访：

记者问：日近来都中有人发起筹安会，讨论国体问题，先生于意云何？

梁君答曰：鄙人一年以来，欲肆力于社会事业久矣，厌作政谈，即鄙人畴昔好为政谈之时，亦曾标举二语，以告于众曰：只论政体，不论国体。故国体问题，尤鄙人所不愿谈也。

记者问曰：既云只论政体，不论国体，则国体无论为共和为君主，应无反对，且先生于数年前不尝著论力主君主立宪乎？

梁君答曰：吾所为只论政体，不论国体者，常欲在现行国体之下，求政体之改革，故当前清末叶共和革命论极盛之时，吾独坚持君宪说，与革命党笔战，累十数万言，直至辛亥八月，武昌起事之后，吾犹著《新中国建设问题》一书，谓虽不得已而行共和，亦当虚存君位，近今某报所登古德诺博士论著商榷共和利病，且引中美、南美乱事为证，此种议论，此种证据，吾无一不于十年前痛切言之，其言视古氏所说详尽透辟更加十倍，《新民丛报》《饮冰室文集》等书流布人间者，不下数十万本，可覆按也。即当辛亥九月著《新中国建设问题》时欲迁就以存虚君，无聊之极思乃陈三义：一曰仍存清室，二曰虚拥衍圣，三曰求立明后。此虽滑稽之谈，然吾当时怵于变更国体之危险，情急之状可以想见，今之谈第二次变更国体者，犹以此三义为研究之资料也。吾当时岂有所爱于君主政体，而必犯众怒，以为之拥护者？吾以为国体与政体本绝不相蒙，能行宪政，则无论为君主为共和，皆可也。不能行宪政，则无论君主为共和，皆不可也。两者既无所择，则毋宁因仍现在之基础，而徐图建设理想的政体于其上，此吾十余年来持论之一贯精神也。夫天下重器也，置器而屡迁之，其伤实多，吾滋惧焉，故一面常欲促进理想的政体，一面常欲尊重现在的国体。此无他故焉，盖以政体之变迁，其现象常为进化的，而国体之变更其现象常为革命的，谓革命可以求国利民福，吾未之前闻。是故吾自始未尝反对共和，吾自始未尝反对君主，虽然吾无论何时皆反对革命，谓国家之大不幸莫过于革命也。

记者问曰：筹安会一派之言论，谓共和必不能立宪，惟君主乃能主宪，此理何如？

梁君答曰：鄙人愚昧，实不解此，吾求诸中外古今学者之理论而不得其解，吾求诸中外古今列国之故实而亦不得其解，今日中国欲变专制为立宪，其一当视主权者拥护宪政之诚意何如，其二当视国民运用宪政之能力何如，谓此二者缘国体之变更而遂生异动，吾百思不得其解也。

记者问曰：古德诺博士谓中国欲变更国体，须有三条件，其第一条件则须国中多数优秀之民咸不反对，此条件可望实现否？

梁君答曰：国体而到必须变更之时，则岂更有反对之余地，除乘机徼利借口生事之乱党外，决无人昌言反对者，吾敢断言也。虽然变更国体一次，则国家必丧失一部分热心政治之正人，吾又敢断言之，共和建设以还，蔚成之时彦虽多，然有用之才自甘遁弃者，以吾所知，盖已不少，识者未尝不为国家痛惜，然士各有志，无如何也。若更有第二次之变更国体，前次之遁弃者，固断不复出，而继此而遁弃者恐视前更多耳。果尔则亦殊非国家之福也。

记者问曰：变更国体之事，将来能否成为事实，且大总统之意向如何，先生亦有所闻否？

梁君答曰：此事能否成为事实，吾殊难言，就理论先例观之，恐在所不免，力学之理有动则必有反动，此原则之无可逃避者也。既有第一次之变更国体,自应有第二次之变更国体,赓续而起,其动因非在今次而实在前次也。吾昔在《新民丛报》与革命党论,谓以革命求共和,其究也必反于帝政;以革命求立宪,其究也必反于专制。吾当时论此焦唇敝舌,而国人莫余听,乃流传浸淫,以成今日之局。今以同一之论调,易时而出诸外国博士之口,而臭腐忽为神奇,相率以研究之,既可怪诧,尤当知吾十年前所预言者,今外国博士所称述只得其半耳,其余一半,则吾惟冀吾言之不中也。若夫我大总统乎,则两次就位宣誓,万国共闻,申令煌煌,何啻三五,即偶与人泛论及此问题,其断不肯帝制自为之意,亦既屡次表示,有以此致疑吾大总统者,恐不敬莫大乎是也。

记者问曰:筹安会一派谓古德诺博士实倡此说,而本记者前访博士,则谓并无此主张,先生与博士夙交好,尝与论及否?

梁君答曰:此次博士重来,曾一见访,吾适在津,未获相见,惟博士常有书致宪法起草会,所言皆就国民宪法立论,未尝他及也。

记者问曰:闻先生在宪法起草会列席颇少何故?

梁君答曰:吾自南游一次感受暑热,继续患病,旋愈旋作,中间或不能列席,非有他故,且前数次所讨论尚未及宪法内容,偶缺席当无伤,此后深愿与同人作速进行,将此种国家根本大法早具草案,聊尽国民义务于万一也。

梁启超对英记者的谈话,陈述了他反对帝制的政治主张,这对袁世凯拼凑的筹安会欲恢复帝制的丑行,无疑是沉重的打击,同时击毁了筹安会企图收买梁的幻想。

《异哉所谓国体问题者》发表之前，杨度曾委托汤觉顿专程赴天津梁启超寓所，与梁启超协调商讨。汤觉顿回京复杨度命时，却带回了梁启超致他的一封绝交信，信上说："吾人政见不同，今后不妨各行其是，既不敢以私废公，但亦不必以公害私。"

杨度等一干筹安会君子，皆脊背发凉，忙到中南海报告袁世凯。

袁世凯默然良久，自语："我袁某待梁启超不薄啊！"

袁世凯心生一计，要抢在梁启超对英记者谈话发表之前，以金钱堵住梁启超的嘴。于是便以给梁太公祝寿为名，派人携二十万元寿仪，送到梁启超寓所。

梁启超婉言谢绝，又抄录一份即将发表的《异哉所谓国体问题者》，寄给京师的袁世凯。

袁世凯接着又派梁士诒到天津"拜访"梁启超。

梁士诒甫一见梁启超，便说："我奉大总统之命而来，兄当知其缘故。"

梁启超说："但说无妨。"

梁士诒说："兄已亡命海外多年，何必再讨此苦？"

梁启超说："你可回去复命，为反对帝制，吾宁可亡命，启超无所畏惧！"

梁士诒无语，悻悻而去。

当然，袁世凯并没有闲着。《异哉所谓国体问题者》发表以后，梁启超就接连收到许多意图架陷的匿名信件。

因为密谋倒袁，梁启超担心连累进步党，遂于9月4日的《时报》上发表脱党启事："鄙人前岁组织进步党，被推为理事，忽忽经时，愧无贡效。倾养疴津寓，党事久不闻问，除致函本部辞去理事职任外，并宣布脱党，此启。"

此后蔡锷一星期就跑一趟天津，和梁启超在一起打牌吃花酒做样子，麻痹袁世凯。由于蔡锷与滇、黔之间频繁有电报，袁世凯派人到蔡锷在北京的私宅搜查，后来才知道是要搜查蔡锷的电报密码本子，但其实蔡锷早就将几十部密码带到天津放在梁启超的卧房里了。

11 月底，蔡锷托病入住天津医院，袁世凯不信，几次派人来问病，梁启超等人便让人拿了医生诊断书回报袁世凯。一直到 12 月 2 日，蔡锷才脱身南下。12 月 9 日，梁启超以必死的决心，坐船前往大连，再由大连转上海。

> 我临走的前一点钟，去和我的夫人作别，把事情大概告诉他。我夫人说："我早已看出来了，因为你不讲，我当然也不问你。"他拿许多壮烈的话鼓励我勇气。但我向来出门，我夫人没有送过我，这回是晚上三点钟，他送我到大门口，很像有后会无期的感想。(《护国之役回顾录》)

12 月 12 日，袁世凯正式宣布恢复帝制，自称"中华帝国皇帝"，准备在次年元旦举行"登极"大典，改民国纪元为洪宪元年。梁启超在南下途中写下《上大总统书》，与袁世凯彻底决裂。12 月下旬，上海、天津、北京的各大报纷纷发表了这封信，影响非常大。

> 大总统钧鉴：
>
> 前奉温谕，冲挹之怀，悱挚之爱，两溢言表。私衷感激，不知所酬，即欲竭其愚诚，有所仰赞，既而复思，简言之耶，不足以尽所怀；详言之耶，则万几之躬，似不宜哓渎，以劳清听。且启超所欲言者，事等于忧天，而义存于补阙……

国体问题，已类骑虎，启超良不欲更为谏沮，益蹈愆嫌。惟静观大局，默察前途，愈思愈危，不寒而慄。友邦责言，党人构难，虽云樛葛，犹可维防，所最痛忧者，我大总统四年来为国尽瘁之本怀，将永无以自白于天下，天下之信仰自此隳落，而国本即自此动摇。传不云乎：与国人交，止于信。信立于上，民自孚之，一度背信，而他日更欲有以自结于民，其难犹登天也……

……启超诚愿我大总统以一身开中国将来新英雄之纪元，不愿我大总统以一身作中国过去旧奸雄之结局；愿我大总统之荣誉与中国以俱长，不愿中国之历数，随我大总统而同斩。是用椎心泣血，进此最后之忠言，明知未必有当高深，然心所谓危而不以闻，则其负大总统也滋甚。见知见罪，惟所命之。

抑启超犹有数言，欲效忠告于我大总统者：立国于今世，自有今世所以生存之道，逆世界潮流以自封，其究必归于淘汰。愿大总统稍捐复古之念，力为作新之谋……

到上海后，梁启超在静安寺路一小旅馆下榻，此处条件较差，他每日凌晨两点起床，以冷水洗面，整日筹划滇、黔、桂三省举义各事，还运动南京冯国璋赞助起义事为最重要。

梁启超在上海住了七十余日，一直到第二年的 3 月 4 日，略有余暇，作书自课，题碑帖甚多。

梁启超到沪前，到美国养疴的烟幕弹已传开，以避开袁世凯的监视。《申报》曾发文曰："梁任公在津养疴日久，昨忽呈请赴美调摄，不俟批出就束装首途。"袁世凯自然信了。

12 月 25 日，云南正式宣布独立，皆是梁启超"预先准备好的"，令袁世凯始料未及，惊恐万状。

关于这次梁、蔡准备起义的经过，梁启超在《国体战争躬历谈》一文中有详细介绍，比前文所述更清楚：

当筹安会发生之次日，蔡君即访余于天津，共商大计。余曰："余之责任在言论，故余必须立刻作文，堂堂正正以反对之，君则军界有大力之人也，宜深自韬晦，勿为所忌，乃可以密图匡复。"蔡君韪其言，故在京两月虚与委蛇，使袁氏无复疑忌。一面密电云贵两省军界，共商大义，又招戴君戡来京面商。戴君者，当时甫辞贵州巡按之职，后此随蔡君转战四川，前月经黎总统任为四川省长者也。戴君以去年十月到京，乃与蔡君定策于吾天津之寓庐，后此种种军事计画，皆彼时数次会谈之结果也。时决议云南于袁氏下令称帝后即独立，贵州则越一月后响应，广西则越两月后响应，然后以云贵之力下四川，以广西之力下广东，约三四个月后可以会师湖北，底定中原，此余与戴、蔡两君在津之成算也。其后因有事故障碍，虽不能尽如前策，然大端则如所豫定也。议既定，蔡、戴两君先后南下，蔡君临行时托病，谓须往日本疗养，夜间自余家易装以行，戴君则径往香港，余于两君行后亦潜赴上海。余到上海实十二月十八日也，而蔡、戴两君亦以十九日到云南。余辈在津原定计画，欲由云南潜运军队到四川境后，乃始宣布独立，二十一日余在上海得蔡君电，谓二十三日前队出发，出发二十日然后发表独立之公文，此正在津原议也。而余当时以别种理由，由南京发出一电，促其早发，且蔡、戴既到滇，滇局不能久持秘密，故二十六日遂揭晓，后此在四川与北军相持，死伤甚多，未始非由揭晓太速之故也。

第二章

两广都司令部组成，梁公被推举都参谋

丙辰（1916），梁启超四十四岁。

1 月 27 日，贵州宣布独立，是时梁启超有渡日之议，但未果行。

3 月 4 日，梁启超由沪赴港转桂，劝说陆荣廷举义。15 日，广西宣布独立。

4 月 4 日，梁启超抵南宁。6 日，广东宣布独立。12 日，浙江宣布独立。12 日，广州发生“海珠惨案”，汤觉顿遭杀害。

5 月 1 日，两广都司令部成立，举岑春煊（字云阶，广西西林人）为都司令，梁启超为都参谋。6 日，军务院成立，举唐继尧（字蓂赓）与岑春煊为正副抚军长，梁启超为政务委员长兼抚军。15 日，十七省代表在南京开会。18 日，梁启超出香港，20 日抵沪。不久，四川、湖南宣布独立。月底得知其父莲涧先生逝世，悲痛万分，遂辞去本兼各职。

6 月 6 日，袁世凯在一片喊杀声中羞愤而卒。7 日，黎元洪宣布就任大总统。政府申令恢复民国元年约法与旧国会。

7 月 15 日，在梁启超的斡旋之下，军务院撤销。

8 月 1 日，国会开会。

10 月，梁启超往香港省亲灵殡。

11 月 8 日，蔡锷病故于日本福冈医院。

12 月，梁启超发起创办松坡图书馆。

1月1日，袁世凯刚刚坐上皇帝宝座，立即发布“上谕”，通令各省“逮捕梁启超，就地正法”。此时，梁启超住在上海静安寺路，袁氏派“侦探暗杀密布寓侧”，企图暗中除掉他的政敌。梁启超闻听消息，即想离开上海，从军广西。上海滩的政客为自己的前程计，打听梁启超的消息，在各种场合传播相关消息，《时事新报》的记者总是关注着梁启超，以写专电报道，令梁启超十分无奈。

1月25日，梁启超催促陆荣廷迅速宣布广西独立。1月27日，贵州宣布独立，原是梁启超渡日前之议，但未果行。

此前，1月15日，唐继尧、任可澄曾致梁启超信，论时局，期望得到梁启超的指教，“袁氏叛国，自致败亡。先生迭进忠言，曾不觉悟，海内豪杰，发愤相闻，松坡、循若到滇具述尊怡云云，弥用坚决，为是计不旋踵以从今役，同人浅薄，未能远谋，深惧不克负荷，或致蹉跌”。

梁启超居沪，除了筹划布置和运动，也尽力指导蔡锷的军事行动，前后致信总计八封。

其中第一封信写于1月8日：

> 吾今所首宜请罪于诸公者，则在前托宁代发之奇电。其时大树将军方有参谋总长之命，自危甚至，适吾方至，彼以人来言，盼滇速起，彼当立应。彼实未知滇内情，因数日前得亮才一电，知有动机，彼方以为弟偕我同在沪也。吾为东南大局计，故徇其请。电发后，旋派溯初两次往与接洽，见其衷心，虽甚愤懑，然殊持重。且徐州徐猾甚可厌似尚未有所决，以故至今不敢发。此公虽知大义，而极寡断，吾恐其为曹爽也。以东南大势论之，大约非俟西南更得数省响应后都中有变当别论，不能有所动作。固由彼等所处地位较险艰，不足深责，抑其国家观念亦自有不能尽与吾辈从同之处

也。缘此亦可见西南责任之重大，国家存亡，系此一片土而已。二十一日尊电言，二十日内揭晓。其改早之故，想是因吾咢电，不审曾缘改早而生军事计划之支障否？此书方写成适得日本来书，言滇若缓发一星期，则对日交涉已妥协，然则速发终是幸事也。果尔，则吾罪真末由自赎。然成事不说，今惟祝进取之胜善而已。

各省诘责滇军之电文甚多，皆由伪政府拟稿迫令拍发，与前此推戴之电文同一笔法。其实各军巡中，安有效忠于贼之人？甚表同情于滇者，且十而八九，特响应与否与应之迟速，自是别问题耳。此间除大树外，其直接间接通声闻者尚不少，而伪政府则亦无所往而不用其猜忌。一两月后，滇军进取稍得势，诸镇胆稍壮，而伪政府更从而煎迫之，则同时蹶起意中事也。

逆贼不患不覆亡。然谓覆亡之后，天下事即大定则殊不敢言。莽、卓伏诛，大乱方始，前事屡然，今亦胡幸。毒根既种之极深而滋蔓极广，芟夷蕴祟，岂旦夕闲事，而况于海疆诸区有人眈眈以视夫其侧者耶？吾辈当认定西南一隅为我神明氏胄唯一遗种之地，挟全副精神以经略而奠之，而必毋或视他方之态度以为欣戚。吾军今所据之地利，既为不可胜以待敌之可胜，吾复何馁。所忧者，吾内部之不整而实力不充耳……

此信先做自我批评，批评贻误战机，接着分析举义之优势和不足，言义举必胜之道理。梁启超虽然从未统领大军征战，但深谙军事之道。

第四封信写于 1 月 21 日：

外交界消息极佳，日本公然拒绝卖国专使，闻三次警告不日将提出。且日本刻意联络吾党，青木少将特派驻沪，专与吾党通气，日内便到。

饷械皆有商榷余地。张润农顷来沪，明日可到，到后便知其详。我决以二十八日东渡，或能有大发展，亦未可知。

绥远起义占领包头。潘矩楹免，以孔庚代。总统府发现炸弹，阴谋者为袁乃宽之子。顷方大兴党狱，人心皇皇。觉顿、孟希、佛苏三人中，日内必有两人偕往粤，以说胁坚白，使迫龙、陆。闻桂之观望颇由坚作梗，此行当破釜沉舟，凭三寸不烂之舌，冀有所济也。镕西（张耀曾字）顷随西林东渡，拟留彼在沪襄外交事。吾东渡后小住旬日，便当来滇。孝怀、觉顿必偕行，孝怀性行才识为吾党第一人，尤谙川事，彼来所助不少也。来书尚约远庸，痛哉痛哉，今失此人，实社会不可恢复之损失也。书此泫然。

梁启超注意观察社会动态，随时与蔡锷沟通，心怀天下，争取主动。此信说明梁启超有赴日本之议，目的大约是联络外交，还有借款购买军火的计划。不过并未能成行。

关于对日外交，梁启超认为中日两国为唇齿之势，若日本能在危难中助中国进步势力一把，他日可休戚与共。历史证明，此想法乃一厢情愿，纯为幻想耳。

袁世凯的帝制鼓噪，他的部下有实力的人物冯国璋、段琪瑞等人并不满意，护国军兴，举足轻重，梁启超观其象，认为冯国璋可争取。但是，冯国璋虽然内心反对帝制，赞同起事，但一直在观望，并未表明态度。袁世凯内部的分歧，让梁启超和蔡锷的举义多了一分信心。

是年 2 月中旬，因滇、蜀催促之故，梁启超又有入滇再赴蜀之议，但最终未能成行。

2 月末旬，梁启超决定入桂。

此行乃关系滇、黔生死，且全国国命所托，吾未有函告季丈，汝见时可言及。虽冒万险万难不容辞也。此间同人询谋佥同，无一人主张不往，以荷丈之警敏，静生（范源濂，字静生）之安详，叔通（陈敬第，字叔通）之细密，亦咸谓非去不可，想季丈在此亦无异辞也。顷荷曦已先行，吾亦候船拟租一日本船往。发矣。廷献不来，亦无不可，廷灿确可用，吾偶未思及耳。然此时暂用不着，待吾入粤时乃唤来可耳……现在以一二人入滇、黔与乡人同患难，将来见重于新政府，而家运借以进展。无如诸子多碌碌也，则亦听之而已……（民国五年二月二十八日《与娴儿书》）

3 月 4 日，梁启超与同人由上海乘日轮“横滨丸”号赴香港，然后转至广西，劝说陆荣廷起义。原来梁启超计划安排家眷返回天津寓所，后得知四周已布满袁氏侦探，同人亦认为不宜行。

汝母归宁之议，尚须从缓，好在距八月尚有半年，届时或吾同行，亦未可知也。吾有一手写极贵重之品赉与思成，钉装完成当交存王姨处，现尚未完也。为生日纪念，可告之令其力学，思永成绩若良，吾亦将有以赉之。（民国五年三月三日《与娴儿书》）

这次入桂的详细经过，梁启超有《从军日记》记之：

当云南首义之初，广西之响应久为全国所期待，凡曾与陆幹卿将军接者，共信其无变也。荏苒两月，音响转寂，于是渐或窃窃焉忧之。正月下旬，吾致幹卿一书，将三千言，为反覆申大义，剖利害。吾与幹卿既未前识，且兹事苟非内断诸心者，即游说何由进，吾书不敢期于有效，尽道而已。二月十九日吴柳隅（吴贯因，原名吴冠英，别号柳隅）介见一客，曰陈协五（祖虞），自言奉幹卿命相招，且曰我朝至桂夕发矣。其来至突兀，其事亦不中情理，初甚诧焉，同人且咸有戒心，谓将毋阱我，然吾察言观色，觉其情真也。协五复为言，有唐伯珊（绍慧）者陆之心腹也，三日后行且至，更衔令竭诚致我，且通殷勤于冯将军。翌日同人来会于静安寺路之寓，谓吾行虽不容冒昧，然必以使往，得其情，取进止。觉顿请行，孟曦副焉。约以二十五日丹波丸发，船票既购定矣，而唐伯珊以二十二日果至，述桂中经画至纤悉，更无置疑之余地。幹卿所为必欲致我者，自谓不堪建设之任，非得贤而共之不轻发也。如所言幹卿之器识，抑过人远矣。吾遂不谋于众，许以立行，然伯珊言当俟彼行后十日，许我乃发上海，而与彼会于海防，且觉顿辈之行亦须与彼偕，否则道中滋险也。而伯珊尚须如金陵，谒冯华甫，以故并觉顿亦不得发。时滇军方与贼相持于泸、渝间，状至险艰，待桂之兴，如旱望云，伯珊往返金陵逾一来复，此一来复之焦灼，殊难为怀也。初吾侪于此事秘之甚坚，与闻者六七人而已，而协五、伯珊之来，借展转介绍，其踪迹渐露于外，沪上一派之政客，或喜利消息而腾播之，以夸眩其声气，吾之行止寖假乃供多士谈柄，日益烂漫，乃至《时事新报》之北京访员以专电见报，吾虑自此不复能行矣。

三月初一日，日本驻沪武官青木中将来谒，亦既有所闻，持以相质，吾告以实，遂乘势托以代筹途旅，盖逆料此行之艰阻不能免也。青木慨然自任，而使其属官松井者负其责，翌日松井报命，言既与东京、香港往复商定，属乘初四日由上海展轮之横滨丸，至香港更乘妙义山丸入越南之海防，议既定，而伯珊亦至自金陵，遂偕行。

3 月 7 日，梁启超抵香港。由粤入桂诸多不便，12 日，梁启超前往越南海防。16 日，梁启超一行抵达海防，旋即会晤云南驻海防秘密代表张南生。张南生告之，已经通知相关人员迎接梁任公一行入桂。

梁启超因在“妙义山丸”中所著之宣言书等件，以及其他要事与唐继尧接洽，就托黄溯初（原名冲，字旭初，后改名群，字溯初）代表，先赴云南会晤唐继尧，并有要电托唐继尧转致蔡锷，事了即返回海防。

梁启超在海防住了十日，在极其艰苦的生活环境下，竟然完成《从军日记》一篇、《国民浅训》一书。

3 月 15 日，梁启超赴海防途中，广西宣布独立。“自十五晚上接梧州电报，知广西已宣布独立，本日午后由广州各国领事馆传出消息，广西独立事已确实。此消息传播后，澳门华商竞燃爆竹以志喜，人心之积愤于袁氏，于此可见矣。”（吴贯因《丙辰从军日记》五年三月十六日）

梁启超于 3 月 27 日抵达镇南关，4 月 4 日抵达南宁。梁启超入镇南关后才得知袁世凯已经于 3 月 22 日宣布撤销承认帝位案的消息，于是分电陆荣廷、汤觉顿和各都督总司令等，请勿言调和，坚持袁氏退位的方针。

梁启超及护国军讨伐袁世凯复辟帝制正酣，4 月 4 日，康有为却在《上海周报》发表《为国家筹安定策者》一文，别出心裁地抛出扶持清逊帝溥仪复位的主张。

在广西军中的梁启超，读到了康有为此文，即撰文《辟复辟论》，发表在《时事新报》上，痛斥康有为扶持溥仪复清皇帝位的荒谬论调。

从十八岁开始，梁启超拜康有为为师，支持其戊戌变法，后来一起逃亡至日本。梁启超一直十分仰慕、尊敬康有为，是康有为的得力助手，世人将二人并称“康梁”。然而，康有为思想固执保守，不肯接受新鲜事物，在辛亥革命之后逆历史潮流，反对革命，与梁启超产生了分歧。梁启超曾经表示：“吾爱吾师，吾尤爱真理。”二人分道扬镳，各奔前程。

师生一场，梁启超一直希望康有为改弦更张。1915 年底，梁启超从天津南下讨袁之时，曾托汤觉顿去拜见康有为，告之去桂计划。康有为听后，震怒，坚持扶持溥仪复位的主张，并云：“若不相从，后此恐成敌国。”

梁启超在《辟复辟论》中犀利地批评：“忽仰首伸眉，论列是非，与众为仇，助贼张目，吾既惊其颜之厚，而转不测其居心之何等也。”实践了真理高于一切的精神。

4 月 6 日，广东都督龙济光宣布广东独立，但这是经过袁世凯同意的，并不反袁，只是迷惑人的假独立。后来，龙济光见独立乃是大势所趋，逐渐采取模棱两可的态度。他与在广东的陆荣廷、梁启超进行联系，还拍了电报请广西方面派人去协商相关事宜。

梁启超的朋友，曾任中国银行总裁，与梁启超、蔡锷在天津共谋反袁称帝的汤觉顿，看不惯龙济光的两面派嘴脸，出于义愤，主动承担代表广西去见龙济光的任务。到了广州，汤觉顿、龙济光二人就反袁称帝的利害关系，谈了整整一天一夜，龙济光似有所触动，4 月 9 日就把广东独立的电报打了出来。但他的部属多是拥袁的，根本没有诚意。次日龙济光就变了卦，说是要在海珠召开善后会议。

4 月 12 日，善后会议召开，同汤觉顿一起参会的还有同梁启超一起反袁的广东将军府顾问、陆军少将谭学夔，以及广州警察厅厅长王广龄、商会团长岑伯铸。

会场戒备森严，重兵把守。汤觉顿、谭学夔、王广龄、岑伯铸等人进会场坐下不久，龙济光的部将颜启汉等人，拔出手枪，向几人射击，几人立即倒在血泊之中。这就是“海珠事变”，又称“海珠惨案”。

后来，梁启超在《护国之役回顾录》中愤慨地写道：“惨哉！惨哉！这几位忠肝热胆、足智多谋的仁人志士，竟断送在一群草寇手里头！”

此外，吴贯因《丙辰从军日记》对“海珠惨案”，向龙济光提出三个“无以自解者”，可知真相端倪。

悉昨日海珠会议，颜启汉、蔡春华等卫兵开枪，击毙汤觉顿、谭学夔、王广龄、岑伯铸诸人。

海珠之变，由梁士诒遣其弟士谋之，颜启汉、蔡春华诸人，许以重金酬谢，而龙济光亦参与其谋。然在梁士诒兄弟则欲尽杀诸民党，在颜启汉则因与徐君勉有旧，欲脱徐而杀其他诸人，在龙济光则以汤觉顿为梁任公、陆幹卿之代表，有所顾忌，欲脱汤而杀其他诸人，故梁、颜、龙之大目的虽同，而其所杀之范围则不无广狭之异。有为龙济光开脱者，谓海珠之事，龙实不与其谋。吾且诘之龙济光，先有酒柬约觉顿于是日午后六时赴宴，而海珠会议于午后一时开会方一时左右龙济光即两次以电话催觉顿赴宴，夫由一时以至六时尚有四时间而必急急于催觉顿赴宴，非逆知海珠将有变，欲于未发之前先调开觉顿耶？此龙济光之无以自解者一。寻常小民横遭冤杀，犹须缉凶，况王广龄则省城之警察厅长也，谭学夔则陆军少将而将军府之顾问也，汤觉顿则广西都督及总参谋之代表也，冤死之后，龙济光不下缉凶之令，无一哀悼之词，仅出一布告，谓其因误会致死，劝人民勿惊疑，谓非尝与其谋，如斯大事安得若对岸观火耶？此龙济光之无以自解者二。为之解者，谓事变之后，颜启汉已逃，虽欲缉凶，将安缉之，不知颜启汉虽逃，蔡春华尚在，执而鞫之，此中阴谋即可暴露，然蔡安居省城，龙熟视之若无睹，斯又何说耶？此龙济光之无以自解者三。

梁启超和陆荣廷在广西得到此噩耗，悲愤不已，遂率护国军连夜从梧州顺江而下，于4月15日到达肇庆，受到肇庆镇守使李耀汉的热烈欢迎。四天后，岑春煊从上海来到肇庆，商洽成立两广都司令部等问题。

此时，孙中山也从国外回到了上海，他的老部下陈炯明在惠州起兵，欢迎老领导孙中山。

岑春煊者，晚清时曾任两广总督，后来又当过云贵总督。因受清廷和袁世凯的排挤，他寓居上海。1913年袁世凯暗杀宋教仁，导致南京爆发了孙中山领导的国民党“二次革命”，亦称“讨袁之役”。因袁世凯的血腥镇压，“二次革命”失败。袁世凯下令解散国民党，孙中山再次流亡日本，组织中华革命党。在此期间，蛰居上海租界的岑春煊，曾与人联名致电袁世凯，要求以和平方式解决南北冲突，遭到袁世凯的拒绝。岑春煊便与革命党人黄兴联系，加入反袁行列，还曾被推举为大元帅。“二次革命”失败后，岑春煊也受到袁世凯的通缉，逃到日本。但他不是当寓公，而是主持反袁运动的外交事宜。在梁启超组织护国军时，岑春煊多次写信给陆荣廷，劝他宣布广西独立，也曾劝龙济光宣布广东独立。

4月19日，岑春煊与梁启超、陆荣廷等人商讨成立两广都司令部事。也是这两天，那个制造“海珠惨案”的龙济光见梁、陆二人到了肇庆，派人过来请罪，坚持说：“我事前完全不知道会发生这样的事。”将责任全部推到蔡乃煌、颜启汉等人的身上。

梁、陆二人心中自然有数。若能争取到龙济光，广东真正独立便指日可待。但是，护国军和陆荣廷的部下，皆知龙济光此人靠不住，都想直接打到广州，杀掉此人。梁、陆二人考虑，目前蔡锷指挥的护国军，正在蜀地泸州被袁世凯的军队围困，甚至有覆灭之险。宣布广西独立，原本想出兵湘地，以牵制袁军，解蔡锷之围。如若此时与广东龙济光交恶，胜败难料，精锐力量一旦丧失，如何继续讨伐袁贼？

权衡利弊，梁、陆二人决定忍着仇恨，与龙济光联合。梁启超表示，“非彻底叫龙济光明白利害，死心塌地地跟我们走不可。有什么方法叫他如此呢？我左思右想想了一日一夜，除非我亲自出马，靠血诚去感动他”（《护国之役回顾录》）。

5月1日，护国军两广都司令部成立，岑春煊被推举为都司令，梁启超被推举为都参谋。梁启超在成立大会上发表了演说，重点谈募集军费之事，说两广都司令部的成立之后，袁贼必将灭亡。护国军将士出征，或流血，或牺牲，无所畏惧，但这军费希望由广东父老兄弟来承担，广东商民向来以爱国好义闻名天下，相信会慷慨解囊，大力支持。将士饱暖之后，定能夺取反袁斗争的胜利……

大会之后不久，都司令部命陆荣廷率两广护国军挥师北伐，苦战湖南，打败围困蔡锷将军多日的袁军。蔡锷军重振威风，军事形势朝着有利于护国军方面发展，曾经不可一世的袁军遭到沉重打击。

龙济光见桂军及广东独立军皆拥护岑春煊、梁启超等人，不敢立异，虽与南方护国军貌合神离，然以名义论，亦在都司令部节制之下，老实了许多，承诺“以粤督让与岑西林（春煊）”。

5月5日，梁启超不顾友人和学生的劝阻，冒着极大的危险去了广州，用“血诚去感动”龙济光。

到达广州的沙面岛，梁启超便打电话给住在观音山的龙济光，告知他自己已到穗。龙济光吓了一大跳。

梁启超雇了一顶小轿到了观音山。龙济光早已在宅院门前迎迓，满脸笑容：“任公好胆量哟！”

梁启超说：“龙兄也不是虎狼，何惧之有？”

当天夜里，梁启超苦口婆心，与龙济光深谈至东方拂晓。龙济光似乎心悦诚服地听着。

次日龙济光设宴，欢迎梁启超。宴会上，龙济光的几十名军官都到了，个个全身拖枪带剑，如虎似狼。席间有名军官极为放肆，大骂广东民军，甚至指名道姓地大骂蔡锷和护国军，做出要动手打人状，十分嚣张。

梁启超起初并不理睬，过了二十分钟，他猛地站起来，对他们的长官龙济光大声说道：“龙都督，我昨夜和你讲了什么话？你到底跟他们说过没有？我所为何来？我在海珠事变发生过后才来，并不是不知道你们这里会杀人。我单人独马手无寸铁跑到你千军万马里头，我本来并不打算带命回去。我一来为中华民国前途来求你们帮忙，二来也因为我是广东人，不愿意广东糜烂。所以我拼着一条命来换广州城里几十万人的安宁，来争全国四万万人的人格。既已到这里，自然是随你们要怎样便怎样……”

梁启超以严厉的语气、打雷般的声音，一面说，一面不停地拍桌子，震得满桌杯盏叮当作响。梁启超就各种利害关系讲一个多小时，听者渐渐受到触动。最先开口骂他的军官（后来梁启超知道他叫胡令萱）悄悄跑了。另外的人散席后过来跟梁启超握手道歉。自这个惊险的夜晚过后，广东独立，已不成问题。

别有用心者，如“海珠事变”一样，在路上设了埋伏，企图重演血案，幸好梁启超早有准备，不出大门，从侧门离开，安全回到寓所。

梁启超回到肇庆，发密电给蔡锷，曰：“鸿门恶会，仅乃生还。”

5 月 6 日，军务院成立，举唐继尧、岑春煊为正副抚军长，梁启超为政务委员长兼抚军。唐继尧、刘显世、陆荣廷、龙济光、岑春煊、蔡锷、李烈钧、陈炳焜、戴戡等人为抚军。由于袁世凯叛国，依《临时约法》，大总统一职由副总统黎元洪继任。“余与蔡君在天津密谋时，曾议俟云、贵、两广独立，观形势如何，即先组织一临时政府，戴黎公元洪为总统，盖袁氏既以叛国失去大总统资格，依约法当由黎公继任也。”（《国体战争躬历谈》）

军务院成立后之诸多宣言，几乎皆由梁启超一手拟定，并得到多数国人的同情支持。

军务院成立之后，有浙江、湖南、陕西、四川等八个地区宣布独立，与两广形成掎角之势。这时，南京的冯国璋发电报给梁启超，请他到上海共商解决大局之方法。

梁启超 5 月 18 日出香港转赴上海，20 日到达上海。梁启超的兄弟和女儿从天津来接他，他方才得知父亲莲涧先生逝世的消息。原来，梁启超从军往广西时，其父已于 3 月 14 日仙逝，家人为不打扰他在军中重任，一直隐瞒至今。

梁启超闻听父亲逝世时，立即“昏迷，遂不忍复与闻国事矣”（《国体战争躬历谈》）。梁启超立即致电军务院和各都督总司令，请辞本兼各职。后来，他又在《护国之役回顾谈》里说：“我魂魄都失掉了，还能管什么国家大事。从此我就在上海居丧，连华甫亦不便来和我商量了。过了二十多天，袁世凯气愤身亡，这出戏算是唱完。”

救国不怕流血舍命，丧父魂飞魄散，让我们看到梁启超爱国爱家的高尚精神。不过，因尽孝而不顾国事，又让我们看到梁任公的局限与不足。

好在梁启超不闻国家大事，在一心守丧尽忠的二十多天里，6 月 6 日，袁世凯羞愤成疾，一命呜呼。黎元洪依法继任大总统，约法恢复，国会得开，南方的军务院顺理成章地于 7 月 25 日撤销。梁启超、蔡锷等人发动的护国战争也胜利结束，实现了当初的誓言，胜则退隐，决不立朝。

蔡锷身患重病，不参与政务。黎元洪没有忘记反袁功臣梁启超，聘其为总统府秘书长。黎元洪 7 月 1 日发给梁启超的原电如下：

> 屡承来训，虑远思深，谋国之心，家居弥笃，泰山北斗，景仰为劳。亦知读礼之时，不敢以阁员相浼，然万端待理，棼如乱丝，辱以庸才，丁兹危局，设使旧鼎覆，沦胥以灭，既负人民望治之心，亦违先生救时之愿，窃不自揣，欲以本府秘书长相屈，既无嫌乎夺情，且可资乎论道。先生模楷人伦，万流仰镜，倘肯垂念邦国，当不忍金玉尔音，敢布寸心，拥篲俟命。

以后，黎元洪自 7 月起每月赠梁启超津贴二千元，并数次致书或遣人邀梁启超入京，梁启超皆婉拒。结束守丧后，梁启超回到天津寓所，认真研究学问，悉心教育子女。

梁启超在《护国之役回顾录》谈及护国之役，是这样评价的，清醒而深刻：

这回事件，拿国内许多正人君子去拼一个叛国的奸雄袁世凯，拼总算拼下了，但袁世凯的游鬼，现在依然在国内纵横猖獗。而且经他几年间权术操纵，弄得全国人廉耻扫地，国家元气，丧失得干干净净。哎！纪念云南起义，还有什么纪念，不过留下一段伤心的史料罢了。

该说蔡锷将军了。

袁世凯于6月6日死去之后，黎元洪继任大总统，蔡锷乃君子重承诺，实践了成功不争地位的诺言，并辞去四川督军兼省长职务。鉴于蔡锷之功，政府擢其陆军上将军衔，以资表彰。政府多次敦促其赴任，但蔡锷皆以有病为由，绝不做官。

除了重承诺，不为官，身染病疴也是事实。起兵之时，蔡锷就是带病前往。军旅生活艰苦，在军中吃喝不好，蔡锷为谋败敌之计，又常常通宵达旦，以致劳累过度，病情加重。考虑军纪要约束，社会秩序要维持，他离开治病的想法一直没有实现。后来实在熬不下去了，就抱病到了成都，将各方面的事情都安排妥当，才离开去治病。

蔡锷到了上海，梁启超去看望，见他被疾病折磨得骨瘦如柴、面有菜色，不由得潸然泪下。“他到上海时候，我会着他，几乎连面目也认不清楚，喉咙哑到一点声音也没有，医生都看着这病是不能救了，北京政府接二连三派人欢迎他，他也不去。在上海住了几天，就到日本养病。”（梁启超《护国之役回顾录》）

其时，蔡锷已病入膏肓，虽赴日本治疗，但已回天乏术。11月8日，蔡锷以肺结核而致喉癌，病逝于日本九州福冈医科大学附属医院，年仅三十四岁。

年底，日轮将蔡锷将军的遗体运到上海，待梁启超与旅沪人士举行公祭再送回湖南安葬。上海各界人士从报上得知蔡锷遗体到沪，纷纷执绋恸哭于道，以迎灵柩。

梁启超悲恸欲绝，率弟梁启勋（字仲策）及长女梁思顺、长子梁思成等，在蔡锷灵柩前祭奠，哭声撕肝裂肺，让在场之人非常感动。其祭文中有：

屈指平生素心之交复几许，弃我去者若陨箨相续，而几无复馀，远者勿论，近其何如，孺博、远庸、觉顿、典虞，其人皆万夫之特，皆未四十而摧折于中途。嗟乎嗟夫，天不欲使余复有所建树，曷为降罚不于吾躬而于吾徒。况乃蓼莪罔极，脊令毕逋，血随泪尽，魂共岁徂，吾松坡乎！吾松坡乎！汝何忍自洁而不我俱。

梁启超将蔡锷称为“再造民国之伟大人物”，写有两副挽联。

其一是：

知所恶有甚于死者，
非夫人之恸而谁为。

其二是：

国民赖公有人格，
英雄无命亦天心。

为了纪念蔡锷，梁启超倡议在上海创办松坡图书馆。

关于蔡锷的生平以及他这次发动护国之役的经过，梁启超在《蔡松坡遗事》和《松坡军中遗书》中多有表述，现将梁启超在《国体战争躬历谈》中的相关文字抄录如下：

广东独立未久，浙江独立，及余复到上海时，陕西、湖南、四川复相继独立，于是独立者既有八省，而南京之冯将军国璋复联长江各省暗为主持，大局已略定矣。五月下旬，冯将军开会议于南京，谋劝袁氏退位。袁氏执迷不悟，南北之局渐有大破裂之势。当事机极险急之时，袁氏忽然死去，于是黎公遵依约法继任，段将军祺瑞组织内阁以辅之，国势遂大定，此实天之佑我中国也。及约法既复，国会既开，南方军务院即同时撤销，余此次经手事业亦完结矣。今一部分之军人与新进之民党，虽小有差池，然此时实过渡时代应有之现象，不足为深忧。要之此后我国之共和政治，必日趋巩固，可断言也。当在天津与蔡君共谋举义时，曾相约曰：今兹之役若败，则吾侪死之，决不亡命；幸而胜，则吾侪退隐，决不立朝。盖以近年来国中竞争权利之风太盛，吾侪任事者宜以身作则，以矫正之。且吾以为中国今后之大患在学问不昌，道德沦坏，非从社会教育痛下工夫，国势将不可救，故吾愿遂矣。

护国战争胜利之后，梁启超与蔡锷遵守着“幸而胜，则吾侪退隐，决不立朝”的诺言，蔡锷去养病，梁启超“从事于吾历年所经营之教育事业”，作别了艰苦、危险、卓绝又辉煌的丙辰年。

第三章

声讨“辫子军”搞复辟，任段内阁财政总长

丁巳（1917），梁启超四十五岁。

2月9日，政府对德国新潜艇政策提出抗议。

3月14日，北京政府布告正式对德国断交。

6月12日，大总统令解散国会。

7月1日，安徽督军张勋拥清逊帝宣统在京宣告复辟，同日，梁启超通电反对，后即参与段祺瑞、冯国璋讨伐复辟之役。6日，冯国璋副总统通告就代理大总统职。19日，段祺瑞内阁成立，梁启超受任财政总长。24日，国务院通电各省征求召集临时参议院意见。是月，川、滇军冲突，四川省长兼督军戴戡遇难。

8月11日，云南督军唐继尧通电拥护约法。14日，政府宣布对德、奥宣战。

9月1日，粤非常国会选举孙中山为军政府大元帅。

11月15日，内阁总辞职。18日，梁启超单独再辞财政总长职，22日给假，以次长李思浩代理，30日去职。

上年岁尾，梁启超表示将放弃政治生活，从事社会教育事业。但是在那个乱世，哪里容得下一张做学问的书桌，哪里有一间课堂可教与学？自去冬以来，宪法问题、对德外交问题、内阁问题及复辟问题等，都与梁启超有着不可解的关系。

1 月 5 日，张君劢（原名嘉森，字士林，号立斋）致信梁启超，报告在徐、宁与张勋、冯华甫接洽内阁问题的经过。梁启超不得不于 6 日从上海起程赴京，那里因宪法、内阁和外交问题，比如“府院之争”，已乱成一锅粥，须他前去斡旋。

1 月 7 日，《申报》登载了梁启超关于宪法、内阁和对德外交的谈话要点：“顷晤任公谈话要点：（一）昨谒黎、段详谈，府院间已无甚深意见，非如外间传闻之甚。（二）希望内阁不生动摇，有碍政务。（三）过宁、徐晤冯，极尊重国家最高各机关之意，张勋对于国会多愤激语，但并无具体之主张。（四）段对于收束军队确有计画，冯亦深悉之。（五）愿国会速从事分内职务，恢复信用。（六）不入政局，留十余日返沪办理学校。（七）调和各派，减少冲突。”

1 月 13 日，《申报》载总统府邀梁启超开会，商速成宪法问题。15 日，《申报》载梁启超在一次欢迎会上发表政见。

2 月 9 日开始，政府对德国采取强烈态度，如对德国新潜艇政策提出抗议。3 月 14 日，政府宣布与德国正式断交。5 月 7 日，政府咨送对德宣战案至众议院。19 日，该院议决缓议。关于当日对德、奥绝交和宣战问题，梁启超最为支持，而总统和多数国会议员反对，康有为、孙中山、唐绍仪等亦通电反对，一般舆论多半都不赞成。

梁启超在《余与此次对德外交之关系及其主张》和《外交方针质言》等文中表态鲜明，理由颇为充分。

我国曷为忽然有参战之议耶？吾侪曷为锐意赞成此议耶？请质言之，所谓公法，所谓人道，普通议耳，所谓条件，抑附属之后起义耳，其根本义乃在因应世界大势而为我国家熟筹将来，所以自处之途。第一，从积极进取方面言之，非乘此时有所自表见，不足奋进，以求厕身于国际团体之林。第二，从消极维持现状言之，非与周遭关系密切之国同其利害，不复能蒙均势之庇。必深明乎此两义，然后问题之价值乃得而讨论也。(《外交方针质言》)

2月13日，《申报》登载梁启超论对德外交问题，题为“梁任公之中德国际前途观”，重申对德外交之理由。

3月4日，段祺瑞请黎元洪与德断交未允，提出辞国务总理职，前往天津。6日，冯国璋赴天津邀段祺瑞回京供职。梁启超一直支持段祺瑞。段祺瑞回京后，梁启超连续致书，向段祺瑞献策。例如，3月7日梁启超致书段祺瑞；

公既归，京外人皆知外交方针从此决定实行。德国希望既绝，恐其遂铤而走险。鄙意谓宜即日将德、奥商船捕获，免其爆锁黄浦，此目前最要之箸。此箸既办，即同时宣布绝交，绝交后，徐议条件最为稳便。

这之后，梁启超与张君劢以书信形式互通消息，商量有关对德断交、宣战及形势发展等问题。

“府院之争”仍在继续。总统府之“府”，实际上是以黎元洪为代表的政治集团；国务院之“院”，乃段祺瑞为代表的政治集团。“府”

亲英美，“院”亲日。

5月10日，段祺瑞指使数千名军警流氓，组成“公民请愿团”包围了国会，冲进会场，殴打议员，迫使议员通过参战案，但遭到议员的抵制。气急败坏的段祺瑞下令解散国会。那黎元洪也不示弱，非但不解散国会，还动用权力将段祺瑞免职。

“府”“院”矛盾激化之际，一直盘踞在安徽、江苏一带的督军张勋，率三千名兵马入京。张勋之兵，个个保留着长长的辫子，亦称“辫子军”。“辫子军”6月7日向京进发，8日进天津，通知黎元洪必须解散国会。黎元洪为武力所迫，于12日宣布解散国会。14日，“辫子军”开进北京城，随即密电康有为，“速来北京，共襄复辟大业”。

6月30日黄昏6时，张勋等人换上清朝大臣服装，率三百余名兵勇，进入紫禁城旧皇宫。次日，张勋一伙跪拜在十三岁的逊帝溥仪面前，扶其重登皇帝宝座。那溥仪在康有为的指点下，用“御玺”盖上一道“上谕”，封官赐爵，以为恢复了大清帝制，改民国六年为“宣统九年”。

企图复辟帝制，自任皇帝的袁世凯，一命呜呼之后，历史上又由张勋、康有为等人导演了比袁世凯复辟还短命的皇帝复位闹剧，给中国近代史留下了一页丑陋荒唐的文字。

张勋、康有为的这出复辟闹剧，遭到各界的强烈反对。

此时的梁启超正在天津寓所，隔邻是段祺瑞的宅第。于是，便有了有了梁、段的晤面和如何面对张勋复辟的商议，决定也用武力解决。

7月3日，张勋入旧皇宫第二日，段祺瑞在天津郊区马场誓师，自任总司令，组成讨逆军，梁启超担任讨逆军的参谋，草拟讨伐张勋复辟的通电，对张勋、康有为逆历史潮流的复辟予以揭露声讨。

不久，梁启超又发表《反对复辟电》:

昊天不吊，国生凪孽，复辟逆谋，竟实现于光天化日之下。夫以民国之官吏臣民，而公然叛国顺逆，所在无俟鞫讯。但今既逆焰熏天，簧鼓牢笼恫胁之术，无所不用其极，妖氛所播，群听或淆，启超不敢自荒言责，谨就其利害成败之数为我国民痛陈之，倡帝政者首借口于共和政治成绩之不良。

夫近年政治之不良，何容为讳，然其造因多端，尸咎者实在人而不在法。苟非各界各派之人，咸有觉悟，洗心革面，则虽岁更其国体，而于政治之改良何与者？若曰建帝号则政自肃，则清季政象何若，我国民应未健忘，今日蔽罪共和，过去罪将焉蔽。况前此承守成余荫，虽委裘犹可苟安，今则悍帅狡士，挟天子以令诸侯，谓此而可以善政，则莽卓之朝，应成郅治，似斯持论，毋乃欺天……

7 月 12 日，段祺瑞率讨逆军攻入北京，“辫子军”不堪一击，作鸟兽散，张勋逃入了荷兰使馆。康有为则逃到美国使馆避难，还写了不少诗，其中有“鸱枭食母獍食父，刑天舞戚虎守关。逢蒙弯弓专射羿，坐看日落泪潸潸”，诗后还附一注：“此次讨逆军发难于梁贼启超。”由此可见，昔日的师徒“康梁”因政治立场不同而成了生死对手。

张勋的“辫子军”复辟宣告失败，段祺瑞回到北京，梁启超也离开天津赴京。

7 月 17 日，段祺瑞内阁成立，任命梁启超为财政总长。19 日，梁启超通电宣布就职，致电冯国璋大总统：

南京大总统钧鉴：七月十七日敬承策令，俾长财政，感悚莫名。启猥以疏才，膺兹重寄，艰虞所迫，义不容辞，已于效日就职，顾念邦基再奠，国计维艰，此后因时阜用，端秉训谟，敢竭股肱，以期康济，除正式呈报外，特此电闻。

接着，7月19日，梁启超又致各省督军省长一电：

启超奉令筦领财政，业于七月十九日就任视事，自顾轻材，惭膺艰巨，国基再奠，筹济攸资，伏盼中外一心，共支危厦，尽言匡诲，时贲良规，俾启超得以罄智效忠，借纾国计。特此电闻，伫候明教。

此次阁员有两个宪法研究会会员，即内务总长汤化龙和司法总长林长民，加上教育范源濂、外交汪大燮（字伯棠）、农商张国淦（字乾若），都与梁启超有旧，这次梁启超对与段祺瑞政府合作抱有很大希望。《申报》7月30日登载：

宪法研究会昨开大会，梁任公报告入阁主义，在树政党政治模范，实现吾辈政策，故为国家计，为团体计，不得不牺牲个人，冒险奋斗，允宜引他党于轨道，不可摧残演成一党专制恶果。吾人负此重责，愿诸君为后盾。

7月24日，国务院通电各省，征求对于召集临时参议院之意见。25日，《申报》发表梁启超对国会问题的谈话。据说国务院征求各省召集临时参议院意见的通电，也是出自梁启超手笔，28日《申报》记其事："征求召集临时参议院意见电，系二十四日发，为任公手笔。"

因此当日舆论颇多不满于梁启超，更有甚者，南方借口发起护法运动，造成南北对立的局势，这是梁启超始料所不及的。

尤其是众议院议员赵炳麟代表康有为致信梁启超，抨击梁启超自民国以来的表现，将梁启超推到了风口浪尖。信中说：“生之言论甚高而其行何卑且谬也。古今中外，无论为君主立宪、民主立宪，必有缔造之真理贯注于政体中，而其国乃豸……中华民国仅六年，生与汤化龙已两次行逆矣。民国二年之违法解散国会也，汤主谋，生主笔，怂恿项城以宪法为名，驱逐议士，逮捕党人。生与汤换得司法、教育二总长，民愤不伸，乱事踵起，杀吾聪秀国人殆数十万。使生与汤能行其道，即视此数十万生命如尘芥，虽曰不仁，尚可说也。项城猜忌生与汤，终被摈斥，狼狈出国门。”（《赵伯岩集 · 文存》）此信捏造事实，恶毒诽谤，赵、康二人之下作，可见一斑矣，影响尤其恶劣。

8 月 11 日，云南督军唐继尧通电拥护约法。14 日，政府宣布对德、奥宣战，据《申报》8 月 17 日登载，其布告出自梁启超之手。

此刻，国内南北分裂，直接原因是北方坚持召集临时参议院，结果就有云南拥护约法的通电和两广宣布自立，北方的段祺瑞开始准备武力解决。形势一触即发。

梁启超为大局计，费了很大的精力斡旋南方和北方的意见，皆无效果。事态进一步扩大，南方军政府准备北伐。

梁启超就任财政总长一职，原抱有很大希望，想利用缓付庚子赔款和币制借款，来彻底改革币制，整顿金融，结果事与愿违。梁启超退而求其次，想维持现状。但面临的状况是国库虚空如洗，财政入不敷出，再加上各方面牵制干扰，梁启超寸步难行。

11 月 18 日，梁启超在任职四个月后向段祺瑞递上了辞呈：“复任以来，竭智尽力……虽规划略具，而实行维艰。”

张朋园在《梁启超与民国政治》一书中写道：“（梁启超）不能有

所施展的一个重要原因，乃段祺瑞的西南用兵政策，消耗了北京政府所有的财力。段氏用兵期间，军费庞大，加之各省军人不仅截留解款，进而借故向中央需索，几使中央濒于破产。”

后来，梁启超曾进行自我反省。1921 年 12 月 20 日，梁启超在北京高等师范学校平民教育社的公开讲演中说道：

> 别人怎么议论我我不管，我近来却发明了自己一种罪恶，罪恶的来源在哪里呢？因为我从前始终脱不掉“贤人政治”的旧观念，始终想凭借一种固有的旧势力来改良这国家，所以和那些不该共事或不愿共事的人，也共过几回事，虽然我自信没有做坏事，多少总不免被人利用我做坏事，我良心上无限苦痛，觉得简直是我间接的罪恶，这还是小的。我的最大罪恶，是这几年来懒了，还带上些旧名士愤时嫉俗、独善其身的习气，并未抖擞精神向社会服务，并未对于多数国民做我应做的劳作。我又想，凡人对于社会都要报恩，越发受恩深重的人，越发要加倍报答。像我恁样的一个人，始终没有能够替社会做出一点事，然而受了社会种种优待，虚名和物质生活都过分了，我若还自己懒惰，不做完我本分内的事，我简直成了社会的罪人。

是年，梁启超从政焦头烂额，举步维艰，年底偶有余暇，仍不失文人本色，开始在家中事治碑刻之学，甚为用功，为金石跋、书跋、书籍跋甚多。

第四章

潜心著述《中国通史》，与胡适有深厚交谊

戊午（1918)，梁启超四十六岁。

春夏间，梁启超摒弃杂事，潜心研究中国历史，成十余万言。

初秋，梁启超因过于用功，患呕血病，《中国通史》的写作被迫停止。

10月，国内和平统一运动兴起，南北名流有和平促进会之组织。

12月，酝酿很久的旅欧计划成功。28日，梁启超偕蒋方震（字百里)、刘崇杰（字子楷)、丁文江（字在君)、张君劢、徐新六（字振飞)、杨维新（字鼎甫）等人由上海分乘邮轮，前往英国。

新年伊始，梁启超便有发起松社的计划。在天津寓所，蒋百里与梁启超曾商量此事。

1月12日，张君劢致信梁启超，谈及发起松社的目的和功用：

> 别又数日，良念。晨间唐规严来谈松社发起事，以读书、养性、敦品、励行为宗旨。规严之意，欲以此社为讲学之业，而以罗罗山、曾文正之业责先生也。闻百里前在津曾亦为先生道及此举，今日提倡风气舍吾党外，更有何人？盖政治固不可为，社会事业亦谓为不可为，可也？苟疑吾自身亦为不可为，则吾身已失其存在，复何他事可言。笛卡儿所谓“我思，故我存”。惟有我思，故有是非。哲学之第一义谛如是，道德之第一义谛亦复如是。规严之意既为方今救世良药，而又为吾党对于社会对于自身处于无可逃之地位，故力赞其说，而敢以就正于先生也。望有以教之。至此社办法，一、既为修养团体，无取发表于外。二、人数极少，仅以平日能相信者为限，合军人政客于一堂。三、一星期请先生来京一二次，就人心风俗处讲演一二时。四、标修数事，为身心之修养。五、此外各任就智识科学问研究，如有所得，可与公众相交换。此皆森感想所及，拉杂书此，其详尚待商订也。乞示覆，俾与百里规严等商之。

3月，梁启超开始写作《中国通史》，他的朋友、商务印书馆的陈叔通于3月13日在他的信中写道：“《通史》但日以为程，似不可求速，制图自较作表更艰，敬意宜挽人为助。蚤寝诚难得，循是以往。所谓清明在躬，志气如神，于学问事业均极有关系。”

梁启超放弃社会活动，每日早睡早起，勤奋著述，“吾每日晨六时前必起，十一时前必睡，似此已多旬矣。吾用决心强制，欲克制三十年来恶习，缘此致病数日”（民国七年《与亮兄书》）。

很快，梁启超就有斩获，《中国通史》的先秦部分，准备交给商务印书馆付印，做成特装本，用仿宋体出版。

所著已成十二万言，前稿须复改者颇多。自珍敝帚，每日不知其手足之舞蹈也。体例实无余暇作详书告公，弟自信前无古人耳。宰平曾以半日读四万言之稿两遍，谓不忍释，吾计凡读者或皆如是也。顷颇思“先秦”杀青（约端午前可成），即先付印，《传》《志》别行，此惟有《年表》《载记》《志略》三种，“先秦”之部都十一卷，冠以总叙一卷，约二十万言也。故愿与公一商印事。鄙意极厌洋装，惟有地图、有金石拓片，华装能否善此，若能之，甚望商务为特装—仿宋铅字印之。如西泠社所有但当加精。为商务计，若欲复古籍，此固不可少也。如何希详密见复。剑丞南下当带阁帖，欲作跋久不敢下笔，当续寄耳。季常日内返津，并闻。（民国七年五月《致陈叔通君书》）

七八月间，梁启超再次致信陈叔通，除了商量松社开会，由信中可知，松社乃当时名流的一个读书交流、策划编写书稿的民间组织。信中还谈及他要自办杂志，分期登载《中国通史》，版权自有，只请商务印书馆代为印发。

再书具悉。版税折早收。松社章程前已加入两名，寄还尊处，公复书亦已至。今所云改削寄下者，何指耶？望将前稿即付印劝捐可耳。松社约可以何时开幕？若在中秋前后，弟或可一至也。“泉托”及“说”敬收安肯不留。顷方读《古泉汇》，适鲍子年藏品，方陈列于造币厂，因往摩挲，兴味大起，购致实品，需力需时，此不敢遽希冀，颇思广搜拓片，公遇机乞为我致之。

顷复思出杂志，专言学问，不涉政论，即以通史稿本分期付印，广求当世评骘目的在此，其他读书笔记之类，数月来所积亦不少，而君劢、百里、振飞诸君，亦颇著有成书，计现所有者已足供半年六期之资料而有余，故欲遽办之。惟印刷发行问题，颇难解决，盖《通史》版权必欲自有，故不能与他方面生纠葛，而自行印发，又所不欲，故拟托商务代印发，而定一双方有利之公平条件，望一一代筹，为草一稍详之计划书见复，至盼。

大约是同时，梁启超致信其弟梁启勋，从中可见他在津门寓所著《中国通史》的分卷情况：

今日《春秋载记》已脱稿，都百有四叶，其得意可想，夕当倍饮以自劳，弟亦宜遥浮大白以庆我也。拟于《战国载记》后，别为《秦以前文物制度志略》一卷，以后则两汉、三国为一卷，南北朝、唐为一卷，宋、元、明为一卷，清为一卷，皆不以羼于《载记》，弟所编资料可从容也。明日校改前稿一过，即从事《战国》，知念奉闻。潜夫。

梁启超埋头著述，自得共乐，但一面著述，一面外出讲述，所以患呕血病甚久。

病初起本不轻，西医言是肋膜炎，且微带肺炎，盖蓄病已旬日，而不自知，每日仍为长时间讲演，余晷即搦笔著述，颇觉惫而不肯休息，盖发热殆经旬矣。后忽咯鲜血约半碗许，始仓皇求医，服东医药旬日，病不增而已，而憔悴日甚。老友唐天如自粤急难来相视，服其药五日，病已去八九。（民国七年《致菊公陈叔通君书》）

9月16日，陈叔通致信梁启超，劝他戒酒、少看书，暂停写作《中国通史》一年半载：

两得仲策先生书，稍慰驰念，希陶约同诣津一视，志清频行亦以为言，卒苦于馆务牵率，口腹累人，可恨可恨，今得十一日手简，尤以为慰。自仲策书至，即已传示各友好矣。敬求注意者两事：（一）戒酒，（二）少看书。《通史》切宜停编半年或一年以后再继成之。未知可允否。

但梁启超闲不住，病愈之后，《中国通史》的写作工作是暂停了，却读起了佛书。9月23日，梁启超致信林志钧（字宰平）：

昨谭殊未餍，贱子半生惟骛多闻，今兹灵府尚为此结习所据，乃至病中一离书卷，遽如胡孙失树，自审障深矣，极思颛受持一经论，切实修证。公试察我根慧，导以法门，明知不宜沾溉文字相以益其病，第不能离文字而有所入，故仍假涂于此，唯有以饶益之，敬上宰平居士。

有时，想从俗世遁入佛学，乃是一种精神逃避。经历辉煌而多蹇的梁启超，由积极进取到消极处世，向虚无逃遁。

10 月 10 日，徐世昌在北京就任大总统。10 月 23 日，熊希龄等人通电发起和平期成会。10 月 24 日，北京政府顺从民意，尊重和平，下令停战。而欧战在 11 月结束，当月 11 日协商各国与德国签订休战条约。11 月 22 日，广东军政府通令休战。12 月 18 日，全国和平联合会在北京开会。

报载，和平运动发起时，梁启超也是中坚领袖之一，极赞成其事，但从未参与其中。10 月 26 日《申报》登载他对记者的谈话，从中可见他对和平运动和整个国事的主张和态度：

问：近日平和期成会之组织，先生与闻乎？

答：闻之，旬日来各方面皆有人来接洽。

问：此会得先生协同主持，当更有力。

答：余未加入。

问：然则先生不以平和旨宗为然乎，抑有所不慊于此会乎？

答：否，平和为今日时势所必要，且亦鄙人夙所主张，此会发起诸贤，又皆平昔所契敬，主持其事者，实为最亲爱之人，吾闻此会成立发展，喜极不寐也。

问：然则何为不加入？

答：此会属吾个人之事，不含政治意味，其一因大病新起，元气未复，医者即力戒节省思虑，且必须转地疗养。吾平生担任一事，必思积极负责任，此时筹画奔走，既非病躯所堪，徒挂空名，则又何必。其二有数种著述，经营多年，迄未成就，皆由于政治所牵扰，致荒本业。一年以来，闭户自精，略成十余万言，但所就仅十分之一二，自审心思才力，不能两用，涉足政治，势必荒著述，吾自觉欲效忠于国家社会，毋宁以全力尽瘁于著述，为能尽吾天职，故毅然中止政治生涯，非俟著述之愿略酬，决不更为政治活动，故凡含有政治意味之团体，概不愿加入。其三此会成否，及其效果如何，决不以吾一人进退为轻重，故吾可以不加入。

问：旧进步党员与先生关系甚密，先生既如此消极，诸贤得毋亦取同态度乎？

答：凡以政治为职志者，则目前第一问题，当先尽力以取得和平，然后政治始可言。我同志诸贤既未脱政治关系，此吾以为亟当与各派协同活动，不容消极。至于鄙人生平，向不取消极主义，今中止政治生涯，将从别方面有所积极耳。谓不作政治活动，即为消极，吾所不承。

问：此次和平运动，先生卜其能成否？

答：若和平不成，则纷扰何日始了，非至国亡，恐无了日。以全国人心理所趋，及世界大势所迫，宜若可成。虽然，若非双方当事者及大多数国民有根本觉悟，则终恐无成，即成亦无补于时局也。

11月，欧战结束，和平会议即将开幕，忽然有我国因处置敌侨等事未能尽其责任、不能列席的传说。梁启超立刻撰写《为请求列席平和会议敬告我友邦》一文，发表在北京《公民报》上。11月26日的

《申报》载有“梁启超到京宣示两主张，欧战议和主促陆使早行，先赴美交换意见，再至欧。内阁问题如不正式组阁，不必提交国会”。

正是在11月，梁启超结识了胡适。11月7日，徐新六致信梁启超，介绍了胡适：“胡适之先生现任北京大学掌教，主撰《新青年》杂志，其文章学问久为钧座所知，兹有津门之行，颇拟造谒，敢晋一言，以当绍介。”

11月20日，胡适致信梁启超，论及墨学，并请求拜见梁启超：

任公先生有道：

秋初晤徐振飞新六先生，知拙著《墨家哲学》颇蒙先生嘉许，徐先生并言先生有墨学材料甚多，愿出以见示。适近作《墨辩新诂》，尚未脱稿，极思一见先生所集材料，惟彼时适先生有吐血之恙，故未敢通书左右，近闻贵恙已愈，又时于《国民公报》中奉读大著，知先生近来已复理文字旧业，适后日十一月二十二日将来天津南开学校演说，拟留津一日，甚思假此机会趋谒先生，一以慰生平渴思之怀，一以便面承先生关于墨学之教诲，倘蒙赐观所集墨学材料，尤所感谢。适亦知先生近为欧战和议问题操心，或未必有余暇接见生客，故乞振飞先生为之绍介，拟于二十三日星期六上午十一时趋访先生，作二十分钟之谈话，不知先生能许之否？适到津后，当再以电话达尊宅，取进止。

两位文化巨人，如期在天津的梁启超寓所晤面，这是他们第一次相见。

梁启超与胡适，都是中国近代史上的著名学者，在中国文化和教育发展史上均占有重要地位和具有深刻影响。

胡适小梁启超十八岁，一直视梁启超为前辈思想家和学者，极为尊崇。梁启超流亡日本，创办《清议报》《新民丛报》《新小说》等报刊，其文章“惊心动魄，一字千金，人人笔下所无，却为人人意中所有，虽铁石人亦应感动，从古至今，文字之力之大，无过于此者矣”（《黄公度致饮冰室主人书》），那时正在上海读书的胡适，成为梁启超的崇拜者。

后来，胡适到美国求学，其间仍然关注梁启超的活动和言论。1912 年底，梁启超归国，时年二十一岁的胡适得知，在留学日记里写道：“梁任公为吾国革命第一大功臣，其功在革新吾国之思想界。十五年来，吾国人士所以稍知民族思想主义及世界大势者，皆梁氏之赐，此百喙所不能诬也。去年武汉革命，所以一举而全国相应者，民族思想政治入人已深，故势如破竹耳。使无梁氏之笔，虽有百十孙中山、黄克强，岂能成功如此之速耶！近人诗‘文字收功日，全球革命时’，此二语唯梁氏可以当之无愧。”

胡适对梁启超的高度评价是一以贯之的，后来他自身成为名家，对梁启超的崇敬仍然未改。

1915 年 2 月，《大中华》杂志发表了梁启超的《政治之基础与言论家之指针》一文，分析了中国的社会与政治现状，对于先有良政治还是先有良社会的问题，梁启超认为政治与社会是相互作用的，但政治的基础在于社会。他认为言论家谈论政治，不外乎三个方面：一是褒贬人物，二是讨论政策，三是商榷国制。梁启超还提出运用现代的政治，所必要的条件有八：

（一）有少数能任政务官或政党首领之人，其器量学识才能誉望，皆优越而为国人所矜式。（二）有次多数能任事务官之人，分门别类，各有专长，执行一政，决无陨越。（三）有大多数能听受政谭之人，对于政策之适否，略能了解，而亲切有味。（四）凡为政治活动者，皆有相当之恒产，不至借政治为衣食之资。（五）凡为政治活动者，皆有水平线以上之道德，不至掷弃其良心之主张而无所惜。（六）养成一种政治习惯，使卑劣阘冗之人，不能自存于政治社会。（七）有特别势力行动轶出常轨外者，政治家之力能抗压矫正之。（八）政治社会以外之人人，各有其相当之实力. 既能为政治家之后援，亦能使政治家严惮。具此诸条件，其可以语于政治之改良也已矣。

胡适阅读完这篇文章，将读后感写进了 5 月 23 日的留学日记里，云“其与吾意相合”。他赞扬了梁启超提出的运用现代的政治必要的条件，认为具有现代政治学的眼光。胡适一度将中国的前途命运寄托在梁氏一派身上，这是因为梁启超的政治主张基本源于西方，在美留学的胡适极易与之产生共鸣。

1917 年，胡适学成归国，二十六岁的他成为北京大学文科教授。北大的前身是京师大学堂，“百日维新”时，光绪帝召见梁启超赐六品衔，命其办理京师大学堂及译书局等事务。梁启超为京师大学堂草拟章程，实际成为京师大学堂的创办人。梁启超 1912 年从日本归国时，北京大学的学生曾敦请梁启超任北京大学校长。因其他事件牵绊，梁启超未能到北大任职，但他多次到北京大学演讲。应该说，梁启超与胡适，皆与北京大学有缘。

其实，早在胡适的《文学改良刍议》在《新青年》发表之时，梁启超即有响应，赞成文学改良和白话文运动，指出文言文阻碍了文学、文化和科学的进步。自从二人晤面，来往便密切多了。

1922 年，胡适完成了《中国哲学史大纲》一书，请梁启超指点批评。为此，梁启超在 3 月离开天津，前往北京大学为哲学社做了一场题为“评胡适之《中国哲学史大纲》”的演讲。前辈对晚辈毫不客气地提出不少问题，非常尖锐，但是口气和缓，态度真挚。

梁启超说：“近年有两部名著：一部是胡适之先生的《中国哲学史大纲》；一部是梁漱溟先生的《东西文化及其哲学》。哲学家里头能够有这样的产品，真算得国民一种荣誉。”

三十一岁的胡适，在台下听后十分感动。梁启超称他为哲学家，还称他的著作为名著。特别是梁启超还说：“这书处处表现出著作人的个性，他那锐敏的观察力，致密的组织力，大胆的创造力，都是‘不废江河万古流’的。”听到前辈如此褒奖，胡适诚惶诚恐。

而胡适对梁启超在中国文学、文化方面的巨大影响，是高度肯定的。胡适在《五十年来中国之文学》一书中说，梁启超是语言大师，他可调动运用各种字句来写文章，看似不合“古文义法”，却有极大的冲击力和魔力，他破了古文、时文、散文、骈文的界限，甚至把诗、词、歌、赋也拉了进来，解放了文体，长于议论，富有条理，笔端带情感，最引人入胜，有鼓动性。

当然，胡适作为一位晚辈学者，对梁启超也不是一味虚美、隐恶，而是实事求是地臧否。特别是对在政治方面梁启超的机会主义有不客气的批评，认为梁启超并未摆脱北洋旧官僚的影响。胡适在 1922 年 2 月 7 日的日记中，指出梁启超一生犯的最大错误，就是自愿到北洋政府去做官。胡适评论可谓切中肯綮，被众多史学家认同。

胡适并未因此对梁启超有所轻慢，他在《四十自述》中，高度评价了梁启超在清末所做的启蒙运动，认为他在“少年人的脑海里，种下了革命的种子”，使众多国人“接受了社会进化论”。他评价梁启超的文章，“明白晓畅之中带有浓厚的热情，使读的人，不能不跟着他走，不能不跟着他想”，还说“我们在那个时代读这样的文字，没有一个人不受他的震荡感动的”，“他指挥那无数的历史例证，组织那些能使人鼓舞，使人掉泪，使人感激奋发的文章，其中如《论毅力》等篇，我在二十五年后重读，还感到他的魔力”（胡适《四十自述》）。语多剀切。

在《四十自述》中，胡适还从两个方面总结自己“受了梁先生无穷的恩惠”。一方面，是梁氏的《中国学术思想变化之大势》“第一次用历史眼光来整理中国旧学思想”，给了自己一个“学术史”的见解，使自己知道中国除了四书五经之外，还有学术思想，扩大了自己的视野，自己能写中国哲学史，是受了梁启超的启发。另一方面，梁启超之“新民说诸篇给我开辟了一个新世界，使我相信中国之外，还有很高等的文化”，给自己一种“作新民”的进步思想。

胡适不是饮冰室的常客，与梁启超之间的交往并不频繁，甚至有些疏远，但是，二人私交的情谊很深。

等到胡适抽出时间要去看望梁启超时，梁启超已经卧床不起了。1929 年 1 月 19 日晚九时许，胡适回京，向好友任鸿隽（字叔永）询问梁启超的病情。次日胡适才知梁启超已驾鹤西行。在梁启超的公祭仪式上，胡适泪流满面，不胜悲痛，为梁启超作挽联曰：

文字收功，神州革命；

生平自许，中国新民。

言归正传。梁启超长年参与政治，却无法实现自己的政治理想，从政失败，有些心灰意懒。

是年10月下旬，在与记者的谈话中，他坦承自己要终止政治仕途生涯，躲进饮冰室，致力于学术著述。为充实自己，梁启超拟在是年年底前往欧洲游历。后来，他在《欧游心影录》中谈到此次游历欧洲的目的。一是做学问要长知识，开阔眼界，汲纳外国新知。看看欧洲经历的世界大战是如何收场，又是如何重建的。二是自己对正义、人道的外交一直感兴趣，想了解此次巴黎和会是否能改变不合理的国际关系，为持久的和平奠定基础。三是以私人身份，向世界申诉我国的冤苦，尽国人之职责。

12月，梁启超的欧游计划进行成功。是月初旬，梁启超曾到北京，与大总统徐世昌接洽数次，并与驻京的各国公使周旋一切，将事情办妥。12月10日，《申报》记其事：

梁氏以个人资格前赴欧洲，早经决定，日前来京趋谒东海，接洽数次，并与驻京外交团周旋一切，现事已完竣，业于昨日下午四时四十五分出京回津，料理行装，各部院人员及其朋旧昨赴东车站送行者甚多，闻之行期，已定于本月二十九日乘日本邮船横滨丸由沪直航欧洲，大约二十五日将由津赴沪，在起程前尚须来京一次，亦未可知。

虽说是梁启超等人以个人资格出国游历，但实则公家出资六万，友朋馈赠四万，虽“不负直接责任，然关系当不少”。12月23日，梁启超出津门，乘火车先赴上海，途遇大雪，到上海后赴欧另六人聚齐。因船位缺乏，七人只能分乘两艘邮轮赴欧。丁文江、徐新六二人乘船向东，经太平洋、大西洋驶往欧洲；梁启超偕蒋百里、刘子楷、张君劢、杨鼎甫，搭乘日本邮船会社的“横滨丸”，取道印度洋、地中海。到伦敦后众人再会合。

梁启超在《欧游心影录》中记下了动身欧游事宜：

我们是民国七年十二月廿三日由北京动身，天津宿一宵，恰好严范孙（名修，字范孙，号梦扶）、范静生从美国回来，二十四早刚到，得一次畅谈，最算快事。二十四晚发天津，二十六早到南京，在督署中饭后，即往上海，张季直（名謇，字季直）由南通来会。廿七午，国际税法平等会开会相饯，季直主席，我把我对于关税问题的意见演说一回。是晚我们和张东荪（原名万田，字东荪）、黄溯初谈了一个通宵，着实将从前迷梦的政治活动忏悔一番，相约以后决然舍弃，要从思想界尽些微力，这一席话，要算我们朋辈中换了一个新生命了。廿八晨上船，搭的是日本邮船会社的横滨丸。

旅途遥远，行程漫长，七人乘船前往伦敦，要在茫茫的大海上航行一个半月。

在海外闯荡有年的梁启超，在 1919 年 1 月 13 日给长女梁思顺的信件中，谈到航行刚开始时的生活：

舟行之乐，为生平所未见，波平如镜，绝似泛瓜皮于西湖也。君劢最畏海行，一登舟即解衣高卧，置备呕器于枕畔，数日后乃以大航海家自命矣。

所乘横滨丸乃丙辰二月吾在上海乘往香港者，汽炉旁之暗室，即吾草檄之地。而同行之人，觉顿、孟曦皆为异物，循览前尘，感慨系之。舟中执事皆已易人，惟一给役在耳，颇似白头宫女谈天宝也。

每日起皆极早，观日出已二度。

初登舟即开始习法文，顷已记诵二百字，循此不倦，归时或竟能读法文书矣。

每日功课晨起专习法文，约一时许，次即泛览东籍约两三日尽一册。午后假寐半时许，即与百里下棋日两三局，傍晚为打球戏，晚饭后谈文学书，中间仍时时温诵法文。

同舟有暹罗特使，询暹事颇悉。

又有波兰人，阳历元旦食堂悬各国旗，波兰无有，其人乃自制一面。

抵星加坡时有领事作向导，尚能遍历诸地，抵滨屿时无向导者，时间亦太短。听命于车夫，仅在汽车中过数小时耳。初欲往山顶旅馆，旋以时间不足而止，极扫兴也。

明日抵哥仑波，泊舟二日，其地为佛说《楞伽经》处，当恣意揽胜耳。

此行若能携汝同游，岂非至乐。舟掠缅甸纬度而过，回望怅然。

信末一句“舟掠缅甸纬度而过，回望怅然”，时长女梁思顺正随夫君周希哲驻使缅甸，梁启超不能前去探望，只能惆怅地眺望。

第五章

旅欧巴黎和会发声，保卫疆土“五四”爆发

己未（1919），梁启超四十七岁。

2月11日，梁启超一行抵达伦敦，18日抵达巴黎，了解观察巴黎和会情形。

3月7日，梁启超一行自巴黎出发，考察英、德、法等国战场，后返回法国。

6月7日起，梁启超一行游英国一个月。

7月1日，梁启超致电汪大燮（字伯棠）、林长民，请转国内南北当局，速捐私见，以谋统一。

7月末旬，梁启超一行游比利时。

8月初旬，梁启超一行游荷兰，末旬游瑞士。

秋季，梁启超一行游意大利，后返巴黎，居两个月。

12月10日起，梁启超一行游德国一个月，次年1月11日复返巴黎，准备归国。

“横滨丸”于1月14日到达锡兰岛，梁启超等人游览了卧佛寺和坎第湖。1月21日，邮船进入红海，梁启超等人目睹了落日沉入大海的奇观，夕阳与海水在天际融为一体。又经七天航行，邮船经过窄窄的苏伊士运河，两岸尚可见战火硝烟的残迹。1917年，土耳其与英军在这里血战，当年战壕、铁丝网和暗堡尚在。“横滨丸”是战后第二艘通过运河的船只。邮船进入地中海，驶入曾被西班牙强占，又被英军夺走的直布罗陀海峡，那地势险峻得令人叹为观止。

2月11日，邮船抵达伦敦。梁启超在给长女梁思顺的信中说：

> 此行横断地中海出直布罗陀海峡，沿大西洋岸而行，余舟所罕经也。
>
> 海行恰四十五日，舟今在伦敦港外三十里，顷刻登陆矣。此行在印度洋波平如掌，红海毫不苦炎，舟中每日黎明即起，以数小时习法文，余日则打球下棋，间亦作诗，为乐无极。惟出直布罗陀海峡后，遇大风三日，同行人多不支者，吾则健饭如常也。万事一无睹闻，惟日与天光海色相对，觉飘飘有出尘想，登陆后恐无复此乐矣。
>
> 在欧拟勾留七八月，归途将取道巴尔干，入小亚细亚，访犹太、埃及遗迹，更在印度略盘桓，便到缅甸，携汝同归也。所为诗十数章，寄汝存之。

四十五天的海上航行，有些单调而寂寞，梁启超后来在《欧游心影录》中回忆途中的生活：

> 我们在船上，好像学生旅行，通英文的学法文，通法文

的学英文。每晨八点钟，各地抱一本书在船面高声朗诵，到十二点止，彼此交换着当教习。别的功课，照例是散三趟步，睡一趟午觉，打三两趟球，我和百里，还每日下三盘棋。余外的日子，都是各人自由行动了。我就趁空做几篇文章，预备翻译出来，在巴黎鼓吹舆论。有三两篇替中国瞎吹，看起来有点肉麻，连稿也没有存了。内中一篇题目叫作"世界和平与中国"，算是表示我们国民对于平和会议的希望，后来译印英、法文，散布了好几千本。

海上的日子让人无精打采，但是，2 月 11 日"横滨丸"到达伦敦，见到泰晤士河两岸"葱葱郁郁，烟雨楼台"，旅客们顿时欢呼雀跃起来。先期抵达伦敦的丁文江、徐新六二人，与中国驻英使馆的一群人，早已在码头迎迓。

一句题外话。2 月 11 日的国内，北京大学召开国际联盟同志会，教职员和学生千余人参加，公推梁启超为理事长。

此时的欧洲，因经历大战而遍地焦土，到处是残垣断壁，经济凋敝，民生艰难。梁启超一行的旅欧，吃尽了苦头。

在伦敦，梁启超一行被安排在上等旅馆。此时正是伦敦最寒冷的时候，旅馆竟然没有暖气，壁炉因无木材也是冰凉一片，甚至连自来水都停止供应。旅馆里的灯光微弱如油灯。至于饭菜，质劣量又少。

丁文江、徐新六二人先到巴黎做准备，梁启超一行五人在伦敦停留五日。

其间，他们前往参观英国国教的教会堂——威士敏士达寺。英国历代君主的加冕和大葬都在这里举行。他们又参观了被誉为"世界民主政治老祖宗"的英国国会巴力门。英国的两大政党，代表英国两种重要的国民性——爱自由和爱保守。

2 月 18 日，梁启超抵达巴黎，于 3 月 7 日出发游察战地。法国政府承担梁启超一行的所有旅费并派出二人随行。梁启超在 3 月 7 日给长女梁思顺的明信片中介绍此行：

> 抵巴黎后，无一刻安暇，并邮片亦不及写矣。顷游览战地，以十日为期，法政府派二人随行，一切旅费皆所供亿，情意至殷渥。三月七日晨七时乘汽车发巴黎，十一时至兰士，兰市昔为大都市，有十一万人，今余数千耳。市中舍宇无一完者，兰士为法国宗教上第一名城，城建于三世纪，有罗马帝奥古斯丁之凯旋门，城中教堂最著名，为峨特式建筑之最胜者，作始于十二世纪，至十六世纪乃成，四壁所雕石像二千五百余，皆精绝。一九一四——六——八年德人三次炮击之，专以教堂为射的，残破过半矣。

然后，一行人前往凡尔登市，走的是一条笔直的大路。到得凡尔登市，只见到处是残垣断壁，人烟无踪。梁启超目睹这些景象后，感慨地评论道："比起破坏的程度来，反觉得自然界的暴力，远不及人类野蛮人的暴力，又远不及文明人哩。"（《欧游心影录》）众人表示赞同。

天气异常寒冷，整个凡尔登市没有一家店铺，他们只好躲到没有被摧毁的炮台里头。这炮台离地平面好几十丈，里面竟然有一座大教堂。据说地上炮火连天，而这里头的祈祷礼拜，未曾间断。另外有一个颇大的音乐场，地面两军相搏，血流满地，这里仍有士兵打仗回来，在这里奏乐、唱歌、跳舞、看影戏，或举办军中文艺会、军中美术会。梁启超参观后，不胜感慨，说这便是"歌舞从戎"和"投戈讲艺"。

一行人在炮台内的食堂解决午饭的。出了地堡，一行人再到别的炮台参观，只见又是焦土一片，寸草不生，到处是弹坑和被毁的武器，死气沉沉。梁启超驻足说：“真不料最可宝贵的科学发明给这班野兽一般的人拿起来戕杀生灵、荒秽土地。老子说‘圣人不死，大盗不止’。其言很有至理哩。”

离开凡尔登市，一行人前往洛林州的首府梅斯。洛林、亚尔萨斯二州，是几百年来法、德相互争夺的地方。这次大战，德国一败涂地，战后和会有了新的了断，法国得到了想要的。梅斯分新、旧二城，是法、德文明的交冲点。

离开梅斯，一行人前往亚尔萨斯的首府斯特拉斯堡。斯特拉斯堡远比梅斯宏大，是欧洲中部一座历史古城，其建筑风格是文艺复兴时代式的，屋顶呈尖三角形，壁画装饰外墙，古雅经典。后来，梁启超在《欧游心影录》中写道：

巴黎罗浮宫前面有八座女神像，代表全国，内中一座，就是司脱（斯特）拉斯堡女神。自从德国割去亚、洛二州，巴黎市民便在这神像左臂上缠一块黑纱，表示持丧服的意思。每年到割让纪念日，总有无数人集在这女神像下，徘徊瞻恋，继以痛哭，五十年来如一日。直到这回休战条约实行，两州完全光复，那神臂黑纱方才除掉，如今满身都挂着极美丽的花球花圈了……我们游亚、洛二州，刺激最深的，就是法国人这点爱国热诚，他们全国人无论男女老幼，识字不识字，对于这件事都当作私仇、私恨一般，痛心刻骨，每饭不忘。法国能够轰轰烈烈站在世界上头，就是靠这点子精神贯注。将来若有世界大同那一天，把国界破掉，那是别个问题；若是国家这样东西一日尚存，国民缺了这点精神，那国可就算完了。这点精神和所谓军国主义却是根本不同，军国主义是要凌夺别人，这点精神只是防卫自己。

这些文字表面上梁启超只是在赞赏法国人民的爱国主义精神，但联系他对巴黎和会在决定中国领土青岛的归属问题的忧虑，这种赞扬，实际上体现出了梁启超浓厚的爱国主义精神。

3月12日，梁启超一行又参观了莱茵河右岸联军驻防地。这里原本是德国工商业十分发达的地带，后来成了军事要冲。沿途所见，两岸已无昔日的旖旎风光和繁荣。他们进入法、比地界，参观了比、法交战的战场。天色渐暗，三辆汽车有两辆抛锚，无奈，他们只好在一个叫白马店的地方投宿一夜。天亮时，汽车仍未修好，一行人只好到火车站搭乘火车，前往比利时首都，然后再转到巴黎。

春深四月，梁启超一行人又踏上考察西欧北部战场之旅。途中，他们瞻仰了卢梭的故居等地。5月，他们重回巴黎。我们可以从6月9日梁启超写给其弟梁启勋的信中，了解到这几个月的游览情况：

住巴黎虽数月，然游览名胜颇少，因每日太忙，惟来复稍得休暇，则尽一日之力，以流连风景，故所得殊少，其间有可特别相告者三事：其一、游隧道，内陈髑髅七百万具，皆大革命时发掘，累代古坟罗列此间，当为世界独一无二之壮观，入之胜读佛经七百万卷也。其二、游卢骚故居，即著《民约论》处，其阍人言亚洲人来游者，以吾辈为嚆矢也。其三、有一七十八岁之老女优，当拿破仑第三时已负盛名者，多年不登场矣，某日为一文豪纪念，特以义务献技，其日吾本约往参议院傍听，临时谢绝，改往听之，因得一瞻西方谭叫天之颜色，实此行一段奇事也。又曾乘飞机腾空五百基罗米突，曾登最大之天文台，窥月里山河，土星光环，此皆足记者，至于博物馆图书馆美术馆等，皆匆匆一览而已。最苦者，每诣一处，其政府皆先知照该馆馆长职员等，全部作官样迎送，甚感局促也。生平不喜观剧，弟所知也，至此乃不期而心醉，每观一次，恒竟夕振荡不怡，而嗜之乃益笃，虽然为时日所限，往观尚不逮十度也。

游察战地的同时，3 月中旬，梁启超由巴黎致电汪大燮、林长民，报告和会上关于青岛问题的消息，电文登载于 3 月 24 日的《申报》：

交还青岛，中日对德同此要求，而孰为主体，实为目下竞争之点，查自日本占据胶济铁路，数年以来，中国纯取抗议方针，以不承认日本承继德国权利为限。本去年九月间，德军垂败，政府究用何意，乃于此时对日换文订约以自缚，此种密约，有背威尔逊十四条宗旨，可望取消，尚乞政府勿再授人口实。不然千载一时良会，不啻为一二订约之人所败坏，实堪惋惜。超漫游之身，除襄助鼓吹外，于和会实际进行，未尝过问，惟既有所闻，不敢不告，以备当轴参考，乞转呈大总统。

4 月 8 日，张謇、熊希龄、范源濂、林长民、王宠惠、庄蕴宽等人发起的国民外交协会，致电梁启超，请他为该会代表，主持向巴黎和会请愿各事：

任公先生大鉴：

为国宣勤，跋涉万里，海天相望，引企为劳。此次巴黎和会，为正义人道昌明之会，尤吾国生存发展之机，我公鼓吹舆论，扶助实多，凡我国人，同深倾慕。本会同人本国民自卫之微忱，为外交当轴之后盾，曾拟请愿七款，电达各专使及巴黎和会，请先提出，并推我公为本〔会〕代表，谅邀鉴及。现已缮具正式请愿文，呈递本国国会政府巴黎各专使，并分致美、英、法、意各国政府及巴黎和会，尽国民一分之职责，谋国家涓埃之补救。兹特奉上中、英文请愿文各一份，务恳鼎力主持，俾达目的，则我四万万同胞受赐于先生者，实无涯既矣。临颖不胜企祷之至，专此敬颂

勋绥。

自 4 月 12 日起，巴黎和会正式讨论中国山东青岛问题。4 月 29 日，英、美、法三国会议，日本代表应邀出席。30 日，续开三国会议，议定了巴黎和约关于山东问题的第 156、第 157、第 158 条款，列强为自国利益，沆瀣一气，公然做出将德国在山东的一切权益让给日本的决定。

紧急关头，梁启超致电汪大燮、林长民并转告国民外交协会，强调和会决定对中国极不公平，并请警告政府及国民严责全权代表，不要在和约上签字。梁启超的电文，后来登载于 5 月 4 日的《申报》上：

汪、林两总长转外交协会：

对德国事，闻将以青岛直接交还，因日使力争，结果英、法为所动，吾若认此，不啻加绳自缚，请警告政府及国民严责各全权（代表），万勿署名，以示决心。

林长民于4月30日接到梁启超电报，反复考虑梁启超之向政府施压、发动国民誓做巴黎和会上中国代表后盾的建议，决定从舆论着手。5月1日，林长民写成檄文《外交警报敬告国民》，登载在5月2日的《晨报》头版头条。

> 胶州亡矣！山东亡矣！国不国矣！此噩耗前两日仆即闻之，今得梁任公电乃证实矣！闻前次四国会议时，本已决定德人在远东所得权益，交由五国交还我国，不知如何形势遽变。更闻日本力争之理由无他，但执一九一五年之"二十一条条约"，及一九一八年之胶济换文，及诸铁路草约为口实。呜呼！"二十一条条约"，出于胁逼；胶济换文，以该约确定为前提，不得径为应属日本之据。济顺高徐条约，仅属草约，正式合同并未成立。此皆国民所不能承认者也。国亡无日，愿合四万万民众誓死图之！

同日的《晨报》，还登载了国民外交协会5月1日发给巴黎和会英、法、美诸国代表和中国专使的电文。国民外交协会按照梁启超的建议，严正警告中国专使："和平条约中若承认此种要求，诸公切勿签字。否则丧失国权之责，全负诸公之身，而诸公当受无数之谴责矣……诸公为国家计，并为己身计，幸勿轻视吾等屡发之警告也。"

第二天，5月3日，已是新文化运动高地的北京大学便贴出了北京十三所高校学生代表召集紧急会议的通知。当晚，在集会上，为反对巴黎和会将山东青岛权益让给日本，反对我国政府在巴黎和会上态度软弱，各校代表决定于5月4日举行游行示威。

国人愤怒，抗议之火燃遍全国。此时，在欧洲如法国的华侨，也态度鲜明地组织了“和平促进会”，反对巴黎和会无端将中国领土转让给日本，反对中国代表在和约上签字。

面临国民的抗议，舆论的压力，作为参加巴黎和会之全权代表之顾维钧、王正廷等人，也愤然站出来反对签字。首席代表是外交部长陆徵祥，虽然接到了北洋政府令他签字的电令，但面对顾维钧、王正廷二人的反对态度以及外面沸腾的舆论指责，还是不敢冒天下之大不韪去签字。

总统府外交委员会事务员叶景莘，在《巴黎和会期间我国拒签和约运动见闻》一文中说：

> 五月一日，陆徵祥来电称如不签和约，则对撤废领事裁判权、取消庚子赔款、关税自主及赔偿损失等，将来中德直接交涉，是否较有把握，亦是问题。他怕将来与战败的德国直接交涉失败，因而就主张签字，对日本屈服，这实在是太可笑了。外交委员会紧急会议决定不签约，由汪、林将致专使拒签电稿亲呈徐世昌，徐令国务院拍发。但二日国务院又密电专使签约，院里电报处一个林长民的同乡当晚潜去报告他。三日凌晨，汪、林到会，汪命即刻结束会务，并自草自缮辞呈送徐处而去。我将档案整理了，亲自送交外交部条约司长钱泰接收。林密电梁启超并请他通知巴黎中国留学生，他另又通知国民外交协会嘱发电反对。我回会收拾杂务后，打了一个英文电与上海复旦公学李登辉校长，说“政府主签，我们在此已尽其所能反对，请上海响应”，这个电的署名是随便写了三个英文字母。这个电文曾经登在英文大陆报面页第二行一个方格里，日期不记得了。傍晚我到汪处报告，汪问还有什么办法可想，我说：“北

大学生本要游行，何不去告蔡先生。”汪即坐马车从东单二条东口赶到东堂子胡同西口蔡宅。蔡即电召北大学生代表于当晚九点在他家会议。北大学生原定于五月七日（一九一五年日本发出关于二十一条要求的最后通牒之国耻纪念日）游行，于是决议将日期提早三日，因而“五四”运动就变为五四运动了。

此文为五四运动的发起及过程提供了证词。

应该说，1919 年的中国依然是独裁者横行，是新文化运动和梁启超、林长民等爱国知识分子，合乎逻辑地催生了五四运动。他们以启蒙者和革命家的胆魄，开启了新时代的闸门，促进了这场规模宏大的民族觉醒的爱国运动。

初夏来临，6 月 6 日，梁启超一行人离开巴黎，前往伦敦。在英国居留一月有余，一行人游览了爱丁堡，参观了牛津、剑桥两所大学，拜访了莎士比亚故居等。梁启超感觉，游览英国和法国有所不同，各有一番兴味。英国政府招待殷勤，不亚于讲究仪式感的法国。英国政府派出一人始终跟随，此人名叫甘颇罗，历任穗、津、沪等总领事，后为驻华使馆参赞。他精通汉语，待人也热情，带领一行人参观了英国海军，赴苏格兰大理院长宴会，参加汇丰银行宴会和中英协会欢迎会等。

其间，梁启超发表了《中国国民特性》《中国关税问题》等演讲。后来，他又在英国文学会欢迎会上做了题为“中国之文艺复兴”的演讲，活动之频繁，真可谓席不暇暖。

7 月 12 日，梁启超一行人返回巴黎，参观了法国国庆和凯旋典礼。之后，他们游览了比利时，参加该国外交部宴会，觐见了比国国王。

再之后，便是游览荷兰海牙，赴瑞士，登瑞吉山绝顶观日出。

九月五日晨五时披衣起观日出，彩霞层叠，变化无朕，少焉一线金光，生于云头，若滚边然，次则大金轮捧出矣。倒射诸雪峰，雪尖绀红，其下深碧，白云满湖，徐徐而散，壮观又与海上别也。（民国八年九月五日《与周夫人片》）

初秋时节，9月11日，梁启超一行人又由瑞士前往意大利，到罗马看斗兽场遗迹，去拿波里看维苏威火山，赴威尼斯欣赏被誉为天国的水城。

梁启超一行人10月7日返回巴黎，又居留两月余，至12月10日始再由巴黎出发游历德国。

从梁启超给长女梁思顺的信件中，可以得知他尚利用余暇苦修两种“功课”。

吾自十月十一日迄今，未尝一度上巴黎，且决意三个月不往，将此地作一深山道院，吾现在惟有两种功课，日间学英文，夜间作游记，英文已大略能读书读报了。吾用功真极刻苦，因此同行诸君益感学问兴味。百里、君劢皆学法文，振飞学德文，迭为师弟，极可笑也。最可笑者，吾将来之英文，不能讲，不能听，不能写，惟能读耳。向来无此学法，然我用我法，已自成功矣。吾日记材料，由百里、君劢、振飞三人分任搜集，吾乃取裁之，现方着手耳。此亦非同居不可，在此多住数月，亦为此也。丁在君早已先归，刘子楷日内随陆子欣归，鼎甫留英，吾四人明年二月游德、奥、波兰，四月归。此信可抄寄家中，吾本欲别作书，今已倦极了，一阁又不知阁到何时也。

在信中，梁启超还进行自我批评：“吾现在又晏睡晏起，二十年恶习全然规复了，百里大不以我过于勤苦为然，常谓令娴在此，必能干涉我先生。”（民国八年十一月五日《与娴儿书》）

梁启超还说：“人生在世，常要思报社会之恩，因自己地位做得一分是一分，便人人都有事可做了。”（民国八年十二月二日《与娴儿书》）这不只是在说教，还是现身说法，教育子女。

梁启超原打算在欧洲再住三个月，“吾在此作游记，已成六七万言，本拟再住三月，全书可以脱稿”（民国八年十二月二日《与娴儿书》），但是徐新六接到家里来电，其夫人病重，其实已经病了很久，但因为顾及梁启超，一直没有言明，徐新六归思甚切。又考虑徐新六精通法语，如果他先行回国，大家诸多不便，经商议决定一起回国。这样能在庚申（1920）阴历正月底赶回家里。

12 月 12 日，梁启超早晨六时自哥龙出发，晚上九时到达柏林，途中十五个小时，没有饭店和商店开业，每人只有一片饼干充饥。没几天，柏林全城饭馆罢工，旅馆也不再供应食品，梁启超一行人吃尽饥饿问题的苦头。战败国德国的况味，略见一斑。由此可见，梁启超一行旅欧，绝非为游山玩水，而为考察战争给人类带来的灾难。梁启超通过所见所闻，告诉世界战争的真相，让世人懂得和平的珍贵。请看梁启超见证的战败后柏林的情形：

十二晨六时发哥龙，晚九时抵柏林，此十五小时中仅以饼干一片充饥，盖既无饭车，沿途饮食店亦闭歇也。战败国况味，略尝一脔矣。霜雪载途，益增凄黯。（民国八年十二月十三

日《与周夫人片》）

柏林旅馆极拥挤，初到之夕草草得一榻，翌日而迁，今所居极安适，日租五十马克，可称奇昂，然合中国银只得一元耳。全欧破产，于兹益信，德政府亦派员招待颇殷勤，在此拟作半月勾留。（民国八年十二月十四日《与周夫人片》）

昨今两日，柏林全市饭馆罢业，旅馆亦不设食，吃饭问题闹得狼狈万状，闻铁路又将罢工，果尔吾侪将困饿此间矣。连日德国各界名士多已晤。（民国八年十二月十九日《与仲策片》）

是时，梁启超因求学太锐，思虑太深，常患失眠，“每间日辄终夜不能合眼，晨起便须应酬游览，觉疲惫极矣”（民国八年十二月二十四日由柏林《与思顺片》）。再加上交通不便，本来梁启超还有游维也纳和波兰的计划，都因此作罢。

梁启超一行游欧，原抱有极大的目的和计划。特别是梁启超，在欧游期中，随时随地记录其经历、观察和感想。他住在巴黎的时候，曾整理出一部分，但回国后因百事待理，无暇顾及，全书并未完成。只存《欧游中之一般观察及一般感想》上篇《大战前后之欧洲》，以及下篇《中国人之自觉》《欧行途中》《伦敦初旅》《巴黎和会鸟瞰》《西欧战场形势及战局概观》等文。

第六章

远政治办公学学社，著述丰邀罗素讲学

庚申（1920），梁启超四十八岁。

1月9日，梁启超由德国返回巴黎，住了八日，又赴马赛。

1月22日，梁启超由马赛乘法国邮船归国，于3月5日抵达上海。

梁启超此后决定放弃上层的政治活动，全力从事培植国民实际基础的教育事业，准备完成旅欧时商定的计划：组织共学社，承办中国公学，成立讲学社，整顿《解放与改造》杂志，发起中国比利时贸易公司和国民动议制宪运动等。

著有《墨经校释》和《清代学术概论》两书。

是年1月22日，梁启超一行人，从马赛乘坐法国邮船归国，于3月5日抵达上海。一踏上中国的土地，在上海的黄浦码头，梁启超就发表了关于山东外交问题的谈话。3月7日的《时事新报》登载：

（记者询对于外交方面之意见，梁先生曰：）予初履国土，即闻直接交涉之呼声，不胜骇异。夫既拒签于前，当然不能直接交涉于后，吾辈在巴黎时对于不签字一层亦略尽力，且对于有条件签字说亦复反对,乃有不签字之结果。今果直接交涉，不但前功尽失，并且前后矛盾，自丧信用，国际人格从此一落千丈,不能再与他国为正义之要求矣。其间最足感人听闻者，为英法感情说，以为提出联盟必大伤英法感情，此说实不值一笑。殊不知和会与联盟完全不同，和会代表各国，联盟则为国际之一共同机关。和会犹如省议会联合会,而联盟则参议院也。虽同由省议会选出，其性质不同。联盟既为超然之一机关，当然不能以一二国之感情为本位。且诉诸联盟与退交和会不同，当然不伤英法感情。虽诉诸联盟，得胜与否，仍在未可知之数。然吾辈固以此问题引全世界人之注意，将来必有好影响。天下恶事必与秘密相伴，愈公开则正义愈明。一国之政治能公开于全国人，一国之外交能公开于全世界，则流弊自然减少而至于无也。

（记者又叩先生归后对于社会从何方面尽力，梁先生曰：）去国一年余，对于国内情形颇不明了，惟对于此种状态亦不愿加以考究。决定对于现实的方面（尤以政治方面为最），皆一概绝缘；而对于各方面的黑暗，则由个人良心为猛烈的攻击。暂时如此，以后研究有得，再拟定建设方针，供国人之采择。

梁启超甫回国，情况不明，发表谈话甚为谨慎。

梁启超到上海后，应上海吴淞中国公学之邀，于3月13日到该校做了一次演讲。在这次演讲中，梁启超对于此游欧所得和中国政治社会经济各问题发表了感想。

梁启超在上海住了十余日，之后乘坐火车到了北京，谒见大总统徐世昌，报告欧游情况，还对各方友人发表了关于山东问题的意见。再有就是致信徐菊人，请释放去年因五四运动被捕的学生。

梁启超是3月24日晚上乘火车回到天津寓所的。此后的日子里，他办了许多大事：发起中国比利时贸易公司，承办中国公学，组织共学社，发起讲学社，整顿《改造杂志》，发起国民动议制宪运动等。这些事，都是梁启超一行在旅欧时商量策划的，对梁启超来讲，这是落实了自己退出政坛，致力于做学问、兴教育的承诺。

4月张元济（字筱斋，号菊生）改任商务印书馆监理，致力于出版业务。4月10日，张元济致信梁启超，请速决定译辑新书计划。

4月17日，蒋百里致信梁启超，商量共学社的事。梁启超回蒋百里一信，商量为共学社募集基金等事情。

4月23日，徐新六致信梁启超，报告中比公司的招股情况，几天后再致信梁启超，报告中比公司增股之事。

5月3日，张元济致信梁启超，商量聘请柏格森来华讲演，以及共学社编译垫款办法。

5月5日，进步青年吴统续致信梁启超，报告共学社评议会开会情况。

5月12日，梁启超致信梁善济（字伯强）和籍忠寅（字亮侪）诸人，商筹共学社以外事业费，从此信中可以读到该社的宗旨，可知共学社除了编译书籍，还准备筹办杂志，补助同人留学和奖励名著等，以扩大影响。

培养新人才，宣传新文化，开拓新政治，既为吾辈今后所公共祈向，现在即当实行首手，顷同人所立共学社即为此种事业之基础。社中主要业务，在编译各书，已与商务印书馆定有契约，经费略敷周转，惟此外有需特别费者数事：

一、杂志出版须另筹编辑费；

二、添置书籍费；

三、补助同人留学费；

四、奖励名著特别悬赏费。

以上四项最少须筹二万金内外，启超所著《欧游心影录》拟自行出版，将所入拨充此费，或可得数千元，惟不敷仍巨，且非目前即能到手，合拟求同人合襄斯举，谨略陈本末，乞公商力赞。

敬上伯强兄、亮侪兄、溯初兄、抟沙兄、现洋三千元。石青兄、壬三兄、二千乃至三千元。海门兄、季常（蹇念益，号季常）兄、志先兄、构甫兄、姑任一千元。文薮兄、姑任一千元。希陶兄、印昆兄、公权兄。

5 月 14 日，张君劢的弟弟张嘉璈（字公权）致信梁启超，报告中比公司的招股情况。

接奉手示，并由伯强处送来画卷画册各一通，均以收到，已告幼伟兄遵照原价五百元让购，款稍缓汇奉。子卫先生事，现河南分合之议尚未定夺，将来必妥为设法。顷得厚生电，南通已允担任百八十万两，嘱即电北京，尚缺七十万两，即由此间凑集。乾若方面据闻拟加入三十万元，大致此事可望有成，拟请振飞早日赴比订约，稍缓当来津趋教。

5 月 14 日，国会众议院议员王敬芳（字抟沙）致信梁启超，讲到中国公学的事情："中国公学者，诸友人精神之所寄者也，倘公学前途得借先生之力扩而大之，诸友在天之灵，其欢欣感佩可想也。"

5 月 15 日，张东荪致信梁启超，商量《解放与改造》杂志改名（后改名《改造》）与编译新书："杂志事总俟百里来后细商再定，盖改名称与改体裁，均有问题，非慎重出之不可。编书事宜早登报，中华书局所出之《新文化丛书》，颇有好稿，皆登报招徕之功也。宜译之书目，明日开上，不妨先嘱振飞、志先一开，先生事繁，宜另觅一人专办关于编书之事务，恐品今能力殊嫌薄弱耳。"

5 月 28 日，刘垣致信梁启超，报告中比公司的认股情况："中比事南北认股均极足恃，不日将在南通开华股创办人谈话会，振飞已去，公权亦拟与会，公能拨冗一行否？垣拟下星期去津，顺道奉谒。"

6 月 12 日，张元济致信梁启超，讲中比公司与共学社的事情：

奉前月二十三日手教，展诵祗悉。百里来，适弟有扬州之行，迄未得晤，振飞则仅匆匆一面，彼此均甚忙故也。中比公司事，吾兄既不列名，且已有人完全担任，弟与彼辈除季直外，均不相熟，加入云云，应作罢论。振飞北旋，想能代达。共学社契约已定，已拨付五千元，梦旦当有信奉告，甚盼有好书来，一慰世人渴望新知之愿。委印《欧游心影录》已有估价单寄去，何时脱稿，企念之至。

6月28日，蒋百里致信梁启超，商量杂志和派遣留学各事。四天后再次致信梁启超，商量第一期杂志拟用新文化运动问题：

手书奉悉。昨已与振飞、叔衡、志先等商，至第一期研究问题，拟仍用文化运动，其原因有三：一、前已提过，恐社员已有准备文字者。二、新文化问题虽空泛，然震以为确有几种好处，现在批评精神根于自觉，吾辈对于文化运动本身可批评，是一种自觉的反省，正是标明吾辈旗帜，是向深刻一方面走的文字上用诱导语气亦不致招人议论。三、废兵运动目下提出，社员中定多空论，拟俟震先将废兵运动之几种先决条件发布后，先引起人家注目，然后提出，较为切实。熊君来已见过，江西之行甚好，震自身拟视先生入京后再行决定。《文艺复兴》已成一半，搜集材料甚苦，近得德文书数种，大有助，先生处有日文《佛兰西文学史》玄黄社发行者已有恳检数种寄下。

从此信中可知梁启超及同人对新文化运动的态度是积极的。

从梁启超7月20日给长女梁思顺的信中，我们可以了解国内变乱情形，以及梁启超为中国公学捐募基金，并拟草宪法意见书等事：

不寄书已两月余，想汝等极觖望矣。吾日常起居，计思成等当详相告。顷国内私斗方酣，津尚安堵，惟都中已等围城，粮食断绝，兵变屡发，五日来火车、电报、电话皆不通，无从得都中消息。汝二叔全眷未移，至可悬念，然不出三日，诸事亦当解决矣。吾一切不问，安心读书著书，殊畅适。惟日来避难来津者多，人事稍繁杂耳。兹有寄林振宗一信，并中国公学纪念印刷品两册，胡适之即在本公学出身者，同学录中有名。可交去并极力鼓其热心，若彼能捐五十万，则我向别方面筹捐更易，吾将以此为终身事业，必能大有造于中国。彼若捐巨款，自必请彼加入董事，自无待言，此外当更用种种方法为之表彰名誉，且令将来学生永永念彼也。汝前信言彼欲回国办矿，若果有此意，吾能与以种种利便。前随我游欧之丁文江任地质调查所所长多年，中国何处有佳矿，应如何办法，情形极熟，但吾辈既无资本，只得秘之，以俟将来耳。又有挚友刘厚生，张季直手下第一健将，曾任农商次长，近三四年与我关系极深，汝或未知其人。注意矿事十年，规模宏远，渠办纺绩业获利数百万，尽投之以探矿，彼誓以将来之钢铁大王自命，所探得铁矿极多，惜多在安徽境内，倪嗣冲尚在，不敢开办耳。现正拟筹极大资本办铁厂，林君欲独立办矿，或与国内有志者合办，吾皆能为介绍也。可将此意告之，日来直派军人频来要约共事，吾已一概谢绝，惟吴佩孚（字子玉）欲吾为草宪法，上意见书，吾为大局计，亦将有所发表耳。本定本月南下，往江西讲演，现因道梗，一切中止矣。汝姑丈新得一子，汝已知否。

梁启超在乱世中躲进饮冰室，不参与政治活动，选择教书育人，著书立说，其实，他一生都在政治中沉浮，根本不可能远离政治。直隶派来请他共事，他断然“谢绝”，但吴佩孚欲请他“草宪法，上意见书”，他却有“吾为大局计，亦将有所发表耳”。不参与政治是假，对政治有所为又有所不为，才是他对政治的真实态度。

梁启超多次声称要离开政坛和官场，但从未认真信守此言。特别是五四运动之后，岁月无多，他关心国家命运，“政治兴味”反而格外强烈。作为政治家，他实现社会改革，最终建立中国资产阶级民主政治的理想，一直没有放弃过，只不过他反对“过激”的革命。

张东荪办《解放与改造》杂志之时，力邀梁启超主持。一日，梁启超在杂乱的编辑部发现了一份传单，名曰“北京市民宣言”。张东荪告诉他，此乃五四风潮时陈独秀所写。梁启超自然知道，《新青年》创刊于 1915 年，他一直关注此刊，也知道陈独秀、李大钊、胡适等人都是会做文章的。到了 1920 年，各种思想、各种主义充斥社会，最引年轻人关注的，是马克思主义思潮和社会主义学识。梁启超深感自己那套民主政治理想，无可奈何地落伍了。

梁启超接受吴佩孚相邀后，7 月 24 日便有具体行动，致信梁善济、籍忠寅、黄溯初、蓝公武（原名庆章，字志先），谈及《时事新报》发电和发起国民制宪同志会的事情：

溯兄：

示悉。此间托壬三觅人发电，本仅以一月为限，但其人我并未与直接，壬三似亦未直接。顷得十八、十九《时事新报》，似尚未见其电。报中所载津电，率皆弟所自发，幸彦深寄来发电证，弟持此别发，否则此要紧关头，沪竟无专电矣，现事已了，更无托人之必要矣。

振飞在此淹滞数日，今晨返京，弟以为宜乘今时发起一国民制宪同志会，各情由振飞面详，若诸公谓然，请商进行次第。车通后，祥（强）、亮两兄能一来商，尤妙。

蒋百里在 7 月 30 日致梁启超的信中说：“国民制宪的文章，大可发表（但不可作杂志稿，一以出版太迟无济于事，一以第一期杂志问题品类太多，则阅者脑筋易乱）……”

黄溯初在7月31日致梁启超的信中继续讨论制宪问题。

但是，后来国民动议制宪运动大概没有成为事实，徒让梁启超费心思和时间。

7月30日，梁启超致信梁善济和黄群，商量聘罗素来中国讲学的事情：

> 两月前抟沙偕傅佩青（傅铜，字佩青）来津，曾议聘英国哲学家罗素来演讲，当时即发电往罗氏，复电十月间可到，其费用抟、石两兄拟担任大部分，顷函商聘请人用何名义，弟复书谓用中国公学名最好，或加入新学、尚志两会亦可，此为同人共同提倡之事，经费能稍分担更好。今将佩青两书呈鉴，请就近与抟、石两兄及翊云、宰平一接洽。

8月8日，徐新六致信梁启超，商量罗素来华讲学的事情："闻罗素氏已约定来华，六意大学一部分人必邀其帮忙，不特在京有益，即罗氏往各省讲演时，亦可借得其地教育界人之招呼也。"同日，傅佩青致信梁启超，也是商量有关罗素来华讲学的事情："一、聘请者之人数或团体数，多多益善，此亦一种国民外交也……二、宜急登报，招译罗素丛书。"

9月5日，梁启超致信张东荪，商量筹办"组织一永久团体，名为讲学社，定每年聘名哲一人来华讲演"，说"罗素所乘之船，改期十月十二乃到沪"。

10月4日，梁启超再次致信张东荪，商量迎接罗素的事情。当时罗素已经在来华的途中，梁启超正在写作《清代学术概论》一书。

本拟南下迎罗素，顷方为一文，题为《前清一代中国思想界之蜕变》为《改造》作，然已裒然成一书矣，约五六万言。颇得意，今方得半，尚有一文债未了，则张三先生寿文也，连作带写非三四日之功不可。一出游又恐中辍，决作罢矣。其实对罗氏亦不必行亲迎礼也。顷促百里代行，惟赵君处最好能由南中要求彼往迎，能由公及黄任之、陈仲甫、沈信卿联名致一电与赵及金清华校长最妙，望速办。或约人费时日，则用上海学界同人名义发电亦可。

罗素来华终于成行。11月10日，讲学社借美术学校欢迎罗素，到会者百余人。梁启超代表讲学社致欢迎词，随即说明讲学社之宗旨及罗素来华之要求。

《清代学术概论》脱稿后，10月18日，梁启超致信胡适，说：

公前责以宜为今文学运动之记述，归即嘱稿，通论清代学术，正宜〔拟〕钞一副本，专乞公评骘。得百里书，知公已见矣。关于此问题资料，公所知当比我尤多，见解亦必多独到处，极欲得公一长函为之批评亦以此要求百里，既以裨益我，且使读者增一层兴味，若公病体未平复，则不敢请，倘可以从事笔墨，望弗吝教。超对于白话诗问题，稍有意见，顷正作一文，二三日内可成，亦欲与公上下其议论。对于公之《哲学史纲》，欲批评者甚多，稍闲当鼓勇致公一长函，但恐又似此文下笔不能自休耳。

此年冬，梁启超应清华学校之邀，开设课外讲演“国学小史”，讲稿整理成书《墨经校释》，并于次年4月成书《墨子学案》。1924年4

月 23 日，梁启超在挚友夏曾佑逝世六日后，写下《亡友夏穗卿先生》一文：

> 穗卿为什么自名为别士呢？“别士”这句话出于墨子，是和“兼士”对称的。墨子主张兼爱，常说“兼以易别”，所以墨家叫作“兼士”,非墨家便叫作“别士”。我是心醉墨学的人，所以自己号称“任公”，又自命为“兼士”。穗卿说：“我却不能做摩顶放踵利天下的人，只好听你们墨家排挤罢。”因此自号“别士”。

此外，在中国古代哲学方面，梁启超写有《老子哲学》《孔子》和《老孔墨以后学派概观》三篇文章。梁启超还有写作《中国佛教史》的计划，所以这类文章写有十二篇，如《印度史迹与佛教之关系》《佛教之初输入》《千五百年前之中国留学生》等。其他文章著述了也多，如《国民自卫之第一义》《主张国民动议制宪之理由》《军阀私斗与国民自卫》等。

梁启超居住在天津意租界，外面纷纷扰扰的乱象，被阻隔在外。梁启超便有了渴望半生的远离政治、专心著述的环境，他要写的学术性著作，汩汩流淌于笔端，在学术界掀起不小的波澜……

在政治方面，梁启超颇不服老。《解放与改造》杂志自 1920 年 9 月起更名为《改造》，梁启超撰写了发刊词，其中有以下主张：经济上树立“生产事业不发达，国无以自存”的观念，发展资本主义；思想文化上则致力于反对大一统主义，吸收世界“所注重之学说”，融合中西；废兵，即废除常备的国防军，兵民合一；推行教育普及，并视为“一切民治之根本”。梁启超的这些主张，反映了他要建立一个资产阶级民主体制的理想。

1921年5月《新青年》第九卷第一号上，发表了李达的《讨论社会主义并质梁任公》一文，其中谈到，当年《改造》"杂志二月号特辟社会主义研究专栏，一时知名之士如梁任公、蓝公武、蒋百里、彭一湖、蓝公彦、费觉天、张东荪一班人，均有长篇文字，表明对于社会主义的态度"，他就梁启超的观点进行讨论，批评了梁启超认为中国应该走资本主义道路的观点：

> 就中国说，资本主义正在萌芽时代，人民因产业革命所蒙的苦痛尚浅，若能急于此时实行社会主义，还可以根本的救治；若果要制造了资本主义再行社会政策，无论其道迂不可言，即故意把巧言饰词来陷四百兆无知同胞于水火之中而再提倡不彻底的温情主义，使延长其痛苦之期间，又岂是富同情者所忍为？资本主义是社会的病，社会主义是社会健康的标准，社会主义运动是治病而复于健康的药。只要问中国现在的社会病不病，什么病便下什么药。一定要把中国现在的病症移做资本主义的病症而后照西洋的原方用药，这种医生是不是庸医？

李达认为，"国家是受资本家维持的，绅士式的智识阶级是受资本家豢养的"，而"梁任公既然主张用资本主义开发本国产业，而资本制度发生的恶果，当然要循外国资本制度的旧径，发出无穷的弊害。要想补救此种弊害，只有采矫正态度与疏泄态度"，因此，实际上是对资本家有利的，是为资产阶级利益服务的。

事实上，梁启超早期从未声言反对社会主义，只在宣传自己循序渐进的政治主张。到了社会上开始争论马克思主义及阶级斗争学说时，梁启超才表现出反对的态度。梁启超提出了在当时社会传播甚广的两个词，一是“有枪阶级”，另一是“无枪阶级”。

梁启超的政治主张，是一贯坚持改良主义更适合中国国情，认为中国社会的基本矛盾是“无枪阶级”的人民大众与“有枪阶级”的军阀之间的矛盾。这种矛盾导致了内战、内乱、杀人、流血，百姓将陷入水深火热的劫难之中。他曾在1925年10月23日回信刘勉己，表达过自己的看法：

> 我不懂得什么人类最大幸福，我也没有什么国家百年计划，我只是就中国“当时此地”着想，求现在活着的中国人不至饿死，因此提出极庸腐的主张是：“在保护关税政策之下采劳资调节的精神奖励国产。”不妨害这种主张的——无论中国人外国人我都认为友，妨害的我都认为敌。

第七章

湘鄂战起调解其间，京津演讲办学不顺

辛酉（1921），梁启超四十九岁。

1月，梁启超初致书慰问海外昔日宪政会同志。

4月，湖南宣布省自治，广东旧国会选举孙中山为非常大总统。

春夏间，张东荪等人接办中国公学遇阻。

8月，湘鄂战事起，梁启超劝停止战事，数次代人捉刀，并亲致信吴佩孚，召集国是会议。

秋季，梁启超应天津南开大学之聘，主讲“中国历史研究法”。

11月，太平洋会议召开。

十一二月间，中国公学第二次发生风潮。

《墨子学案》《中国历史研究法》两部讲稿是年结集成书。

1月19日，梁启超回复张东荪论社会主义运动一封长信，可见他对于当时新兴的社会主义思潮之态度和主张：

我两年来，对此问题，始终在彷徨苦闷之中，殊未能发现出一心安理得之途径，以自从事。所谓苦闷者，非对于主义本身之何去何从尚有所疑问也，正以确信此主义必须进行，而在进行之途中，必经过一种事实——其事实之性质，一面为本主义之敌，一面又为本主义之友，吾辈应付此种事实之态度，友视耶，敌视耶？两方面皆有极大之利害与之相缘。而权衡利害，避重就轻，则理论乃至纷纠而不易求其真是。吾每积思此事，脑为之炎，今勉强截断众流，稍定祈向，然终未敢自信也，谨以质诸执事。

吾以为中国今日之社会主义运动，有与欧美最不相同之一点焉。

欧美目前最迫切之问题，在如何而能使多数之劳动者地位得以改善；中国目前最迫切之问题，在如何而能使多数之人民得以变为劳动者……

1月20日，梁启超突然写了多封信慰问在海外的宪政会同志，他们接到信后，几乎都有复信。

4月28日，在澳大利亚悉尼的叶炳南回信梁启超：

卓如会长惠鉴：

昨接付来宪政党要，已照拜悉，惜近来热心同志多已归国，加以本党□甚进步，故人心颇不如前，此亦势所必然矣。

我公苦心为国，弟等甚为敬重，弟前数年归国，在港经与令弟相会，即我公在省遇变事闻到港一二天，当时弟甚欲求教，奈未知所居何处，未能如意矣。弟已回雪梨（悉尼）四年矣，国事如此甚为痛心，然我粤尤不堪言，未知将来如何结局也。至此处另有公函奉复，恕不多赘，特此奉达。

再看7月30日加拿大宪政党总支部廖崇照的回信，其中说：

窃以阔别日久，顷忽得书，实犹得金玉，无任感激。先生归国以来经过之行动，所谓所期者固非如愿以偿，但中国至今尚能存在而未至灭亡者，窃以为借先生之扶植有以致之。故对于国家方面实成功不少，此亦想来史所同认而国民未必敢诬也……先生素以救国为己任，及今苟能振其洋洋大才，与世之有爱国心者共策一荡而平之以收统一之效，而出民于水火，是为至幸，而海外同志朝夕所期望者也。

这些回信足见梁启超在海外的影响力，他们仍然认为梁启超是拯救中国之栋梁。但是，他们怎知梁启超早已厌倦政治生活，正准备躲进饮冰室，两耳不闻窗外事，专心著述做学问呢？一介书生以文字启蒙国民新民之说，已公允地评论梁氏，但将一国的前途系于这位书生，就更是书生之见了。

3月1日，湖南总司令赵恒惕（字夷午，号炎午）以该省宪法问题致信梁启超，并派人到天津请教梁启超。当时国内联省自治之说甚为流行，而湘地特殊，创为此说最早。信中说：

共和十载，政局屡更，南北纠纷，愈演愈剧，长此以往，生民益困，国本益倾，来日大难，念之心悸。湘承兵燹之后，牺牲至巨，创痛至深，恒愚谬掌军铃，愧无长策，思惟以武力戡祸乱，不如以民治奠国基，是以屡集全省军民长官协议，决定以全省自治为全国率先，庶冀于联省自治得早日实现。数月以来，筹备进行略有端绪，现方延聘省内外邃深法学之士，从事起草，计日观成，历经电闻，想邀洞鉴。伏惟我公政学澜海，国家桢榦，流风所被，中外具瞻，必有擘画鸿谟，堪资借镜。

信中还说，湖南是梁启超旧游之地，像湘人谭嗣同、唐才常等先烈，皆是先生的好友，湘士承教于先生，“尤不胜偻指，盱衡所及”，必能洞悉湖南的风俗民情。所以，湘人真是盼望指点，如大漠之中盼甘泉。说了这些好话，赵恒惕还派了“萧、雷两顾问”到天津敬求指导。

当时，梁启超正在伏案著述，春季就有《墨子学案》一书成稿。梁启超是时除了吃饭，“未尝离书案一步，偶欲治他事，辄为著书之念所夺，故并汝处亦未通书也”（民国十年五月十六日《与娴儿书》）。

7月，湖南赵恒惕出兵，致湘鄂战事起。8月，吴佩孚、萧耀南等率直军援鄂，湘鄂战事转为湘直战事。“研究系”同人对这场战争非常关注，活动于其间，梁启超也未袖手旁观，捉刀写文，并且亲笔致信吴佩孚。

8月12日，蒋百里致信梁启超，报告时局状况，希望听听他的主张。从8月16日梁启超致籍忠寅、蹇念益的信中，可知他对时局的态度：

湘军困在岳北武南不能退不能进，而吴军备战，态度益急，若湘、吴间不能调协，湘随陷绝地。百里、立诚、时若叠来书，属吾发表文章以助空气。窃意联省自治等话头，宜让彼辈提出，吾辈何必占先，细思仍惟有致吴君一法较妥。今拟一稿请察阅。时局既如此紧迫，吾个人是否应默默一无表示，其实亦无妨，盖看定此次不会有好结果也。如此类文是否能有益于事，实殊不敢知，若云造空气，究有用否？请两公一鉴定，如谓无所取材，则阁置之可耳。

数日前曾代湘军作一宣言，颇简要得体，伯唐、幼山曾见。又曾代黄陂等联名作致吴、萧、赵等书。

其后，梁启超有多封信致同人，商量解决战事办法。

8月下旬，岳州（今湖南岳阳）之役，吴佩孚亲自率兵乘兵轮攻打岳州，赵恒惕军败退长沙。9月，经英国领事出面干预，吴佩孚与赵恒惕在岳州谈判，湘鄂战事告终。吴佩孚还通电提议在庐山召开国是会议，解决南北纷争。

梁启超致信张一麐，信中说自感白费了心机，“原冀制止此剧战，以谋时局之发展，岳州之役既现，希望已悉成泡影，更何发展可言。庐山会议太近滑稽，盼公更勿与闻，徒自损令誉。项城（袁世凯河南项城人）、合肥（李鸿章安徽合肥人）、河间（冯国璋直隶河间人）尚尔尔，况下彼数等者耶？吾侪经此最后之试验，真可以对于彼辈不复一睨矣”。

其时，日本趁火打劫，继续纠缠山东问题，时局更加混乱。9月11日，梁启超致外交总长颜惠庆（字骏人），说山东问题不宜直接交涉，还写有《对于日本提案第三条之批评》一文表达自己的意见。

秋季，梁启超应南开大学聘请，在校举办文化史讲座，演讲题目是“中国历史研究法”，时间是逢星期一、三、五的下午4时到6时，后来又增加两个小时。

10月10日之后，梁启超应北京和天津各学校的邀请做公开讲演，达到七次。

第一次，10月10日应天津学界全体庆祝会邀请，做《辛亥革命之意义与十年双十节之乐观》的演讲，这在全国时局混乱之时，实能鼓舞民众。

第二次，11月12日应北京国立法政专门学校邀请，做《无枪阶级对有枪阶级》的演讲，批判军阀之乱，道出民生之苦。

第三次，11月21日，寒冬已至，应南开大学邀请，做《市民与银行》的演讲，讲乱世之下的金融，讲民生之艰。

第四次，11月26日应天津青年会邀请，出津门寓所往南，过万国桥（今解放桥），不远处就是青年会所在，做《太平洋会议中两种外论辟谬》的演讲，批评列国欺凌中国之种种谬论。

第五次，12月17日，乘火车来到北京朝阳大学经济研究会，做《续论市民与银行》的演讲。

第六次，12月20日，应北京高等师范学校平民教育社邀请，做《外交欤内政欤》的演讲，谈乱世中国的外交乃是军阀与列强勾结之外交。

第七次，12月21日应北京哲学社邀请，做《"知不可而为"与"为而不有"主义》的演讲，谈哲学与世事的关系。

上述七讲，皆十分精彩，后于次年2月结集出版，是为《梁任公先生最近讲演集》。

原本，春夏间，张东荪等人接办中国公学，因闹学潮而办学受阻，不久事件平息。11月间，该校再度发生学潮，后来也平息了，但是办学方针受了影响。

11月19日，梁启超致蒋百里、张东荪和舒新城（原名玉山，学名维周，字心怡），认为学校“最多再闹风潮一两次，愈闹一次则阻力愈减一分，在吾辈持之以毅而已”，并且鼓励他们继续办下去，“鄙意谓但使勉强可办得下去，则此校断不宜舍弃”，“天下岂有无风波之地耶？若公学万不能共事，只有自谋小基础之一法，然须稍宽假以时日，恐非明年暑假后不能成立也”。

不久，舒新城回信梁启超，报告解决中国公学风潮情况，以及今后努力教育事业的计划。12月，再次致信梁启超，报告中国公学今后发展教育之计划。

年底，梁启超再度致信蒋百里、张东荪和舒新城，谈及中国公学办学以及发展他校的事情：

入京住西郊数日，殊得佳趣，中间一晤新闻大王，谈颇洽。昨日返津，连得公及新城各两书东荪书皆不署日子以后勿尔，知公学事可望解决，甚慰。现在进行到何地步，仍请见示，顷复有数事相告或相商者。

一王受庆昨来言，美使馆表示欲得彼长清华金仲蕃当然不能回校，彼询吾意何如？彼觉夺仲蕃席为不德，且自觉齿太稚吾极赏之，且已与伯唐言，请告颜速发表，此着若办到，则新城所谓三窟外再得一窟，而此窟作用之大乃不可思议也。要之清华、南开两处必须收作吾辈之关中河内，吾一年来费力于此，似尚不虚，深可喜也。

一林文庆新任厦门大学校长，旬日前有书至，托为物色国文、国史、地理教授三四人，吾已复书，谓若不以通闽语为条件，必能设法应命，但吾心目中现尚无一人，请公等即预备。

一东荪来南开固极佳，公学既有办法，自不能抛弃，且报馆亦非得替人不可，故此事宜通盘筹画。报馆编辑新闻确无进步，须添聘一人如几伊、一湖之类，惟总主笔一席实不易易，君劢既无分身术，则东荪能脱离与否实一问题也。

一南开之局，非赶紧成就之不可，然吾辈人才如此缺乏，真令人急煞。闻湖南自修大学不易成立，能否将彼中良份子分一二位来此，请百里、新城商之。

一徐志摩大约公权言不能速归，博生、为蕃、品今三人不审有能归者否？

一宗孟日内当到，伯唐意欲劝其在沪，加入商教联合会活动，暂不必归京，闻其弟已南下，迎其女公子先返，此事不审宗孟意云何，在沪有活动余地否？

一百里似宜作教授生活，清华事若成则往清华，否则南开，百里于意云何？

梁启超此信，内容极为丰富，事事皆胸有成竹，如昔日指挥军队，进退自如。

第八章

“研究法”风行于一时，全国讲学患病金陵

壬戌（1922），梁启超五十岁。

1 月，梁启超的《中国历史研究法》由商务印书馆出版。

2 月，杨维新辑《梁任公先生最近讲演集》出版。

2 月 4 日，中、日双方在华盛顿签订《解决山东悬案条约》及《附约》（后经五个月谈判，于 12 月签订《山东悬案细目协定》和《山东悬案铁路细目协定》，中国赎回青岛及胶济铁路主权）。

3 月，梁启超夫人李蕙仙赴菲律宾探望长女梁思顺。

4 月起，梁启超应北京和天津各学校与团体邀请，做多次学术讲演。

春季，梁启超在清华学校讲学。

5 月，直奉战争结束，梁启超与熊希龄等十余人，应曹锟（字仲珊）、吴佩孚的征询，致电提出解决时局意见。

6 月 1 日，民六旧国会在天津开会（6 月 12 日移至北京，8 月 1 日在京正式开会）。2 日，徐世昌下野。11 日，黎元洪宣布就任大总统。

7 月初，梁启超游济南，在中华教育改进社做讲演。

8 月初旬，梁启超赴南京，中旬至上海，末旬至南通，在中国科学社年会上做讲演。31 日，赴武昌，在长沙做讲演，后经河南返天津寓所。

10 月，梁启超《大乘起信论考证》写成脱稿。同月，梁启超赴南京东南大学讲学。是月《梁任公近著第一辑》编成。

11 月，梁启超在南京患心脏病，但讲演未全停，至次年 1 月寒假课毕才返回天津。

已是知天命之年的梁启超，在这一年，显得有些寂寥，《20世纪中国全纪录》里没有提到他。略显热闹一点的，是他在上年完成的《中国历史研究法》由商务印书馆承印出版，风行一时，给学术界尤其是史学界带来不小的动静。国外学者如日本史学家桑原骘藏写有《读梁启超的中国历史研究法》一文，对此书颇为推重。

《中国历史研究法》一书，突破旧史学束缚，注入了梁氏新的史学观，全面阐述其治学主张，不仅是方法问题，还关涉史学以什么为中心，为谁服务，即“史学革命”诸问题，总结起来，即是研究历史的目的如下：增加人们的历史知识，加强人们的爱国心；批判以帝王将相为中心的史学观；提倡为民写历史；反对为“死人”服务，而为活人服务；要尊重客观史实，求真求实求新；要用科学的方法搜集、鉴别、整理历史资料等，让人耳目一新。

2月4日，中、日双方在华盛顿签订《解决山东悬案条约》后，政府便筹备接收鲁地胶州等事宜。2月27日，身在天津的梁启超，致信籍忠寅，谈接收胶州的办法：

> 接收胶州事体重大，约不得人，惧诒笑柄，其人须熟于日本交涉情形，而确非亲日派，须老成而锐于进取，须与政府向来融洽，而社会舆论亦有信仰。鄙见斯事大约总须用委员制，惟其委员长或督办似以汪伯老为最宜，弟本欲谒元首密陈，已告宗孟属代达。迫于校课，顷已出城，望公专晤世湘，转达鄙意。造膝代陈，以资采择，幸甚。

2月，杨维新辑《梁任公先生最近讲演集》出版，内容即是梁启超于上年10月至12月在各处的七篇讲演。

3月6日，梁夫人李蕙仙渡海到达菲律宾，探望长女梁思顺。当时梁思顺的夫君周希哲，任职马尼拉总领事。梁思顺于3月18日给父亲的信中，将母亲到菲律宾之后的情况告之：

前上一禀计已达。母亲自初六日到此，不觉已及半月，极赞此间气候，以为较北方舒适，且面色体气均较在国内时康健，盖海风实于人有益也。

从4月1日起，梁启超先在北京女子高等师范学校做讲演《我对于女子高等教育希望特别注意的几种学科》。同月10日，又为直隶教育联合研究会讲演《趣味教育与教育趣味》，15日为北京美术学校讲演《美术与科学》，16日为哲学社做讲演《评非宗教同盟》，21日为诗学研究会讲演《情圣杜甫》。5月至11月，梁启超先后在北京、天津、济南、南京、上海、南通、苏州等为学校和团体做学术讲演达二十余次，主题涉及教育、心理学、宗教、政治、群众运动、文化和文化史等，内容丰富多彩。后来，这些精彩的讲演皆结集出版。

例如，梁启超的讲演《趣味教育与教育趣味》说：

假如有人问我，你信仰的甚么主义？我便答道：我信仰的是趣味主义。有人问我，你的人生观拿甚么做根柢？我便答道：拿趣味做根柢。我生平对于自己所做的事，总是做得津津有味，而且兴会淋漓，什么悲观咧，厌世咧，这种字面，我所用的字典里头可以说完全没有。我所做的事常常失败——严格的可以说没有一件不失败——然而我总是一面失败一面做，因为我不但在成功里头感觉趣味，就在失败里头也感觉趣味。我每天除了睡觉外，没有一分钟一秒钟不是积极的活动，然而我绝不觉得疲倦，而且很少生病。因为我每天的活动有趣得很，精神上的快乐，补得过物质上消耗而有余。

又如，梁启超的讲演《学问之趣味》更是精妙，其中说：

我是个主张趣味主义的人，倘若用化学化分“梁启超”这件东西，把里头所含一种原素名叫“趣味”的抽出来，只怕所剩下仅有个零了。我以为：凡人必常常生活于趣味之中，生活才有价值。若哭丧着脸捱过几十年，那么生命便成沙漠，要来何用？中国人见面最喜欢用的一句话：“近来作何消遣？”这句话我听着便讨厌。话里的意思，好像生活得不耐烦了，几十年日子没有法子过，勉强找些事情来消他遣他。一个人若生活于这种状态之下，我劝他不如早日投海。我觉得天下万事万物都有趣味，我只嫌二十四点钟不能扩充到四十八点，不彀我享用。我一年到头不肯歇息。问我忙甚么？忙的是我的趣味。我以为这便是人生最合理的生活，我常常想运动别人也学我这样生活。

“趣味”说，对做学问者，或许有些道理，但在急剧变化的大时代面前，梁启超一直选择和倡导温和、改良、不带革命色彩的救国之道，怕与“趣味”毫不相干。

是年4月，第一次直奉战争爆发。4月29日，奉系首领张作霖下达对吴佩孚之直军的总攻击令。直军十万人，奉军十二万人，在长辛店、固安一带展开激战，奉军失势，被迫退到奉天。张作霖筹备东三省独立，实行联省自治，自任东三省保安总司令，与北京政府断绝一切联系，拥兵自重。

五六月间，第一次直奉战争结束，梁启超虽未参与实际行动，但自有主张。5月27日，《申报》载梁启超与熊希龄、蔡元培、林长民等十余人致曹锟、吴佩孚电，论解决时局的意见：

效电敬悉。诸公于军事倥偬之际，尊重民意，谋巩国本，启超等曷胜钦佩。承询各节，经约在京同人讨论，佥以解决纠纷当先谋统一；谋统一当以恢复民国六年国会，完成宪法为最敏速最便利之方法。但宪法未成以前，所有统一善后各问题，应由南北各省选派代表于适中之地组织会议，协谋解决。诸公伟略硕望，举国所仰，倘荷合力促成，民国前途实利赖之。管见当否，仍候裁夺。

梁启超、熊希龄、汪大燮、孙宝琦、王芝祥、钱能训、蔡元培、王宠惠、谷钟秀、林长民、梁善济、张耀曾等同叩。

此电一经发表，社会舆论纷纷。梁启超心里不平。6月7日，梁启超致信蹇念益，论对时局发电一事：

昨夕电话悉。吾忽有此举，实因吴氏势孤数日前在津所闻抵制吴说之谋极多，欲多方面为之声援，该电即就此立论。电系秉三处密码，彼方亦未必宣布也。热心太过，甘受同人责备，然事已过去，只得听之，且亦无大妨碍也。吾所主张自信为最良法，虽未必能行，要当存此一说耳。唐家喜事盼季常必来观察，何时携新丁来谒祖耶？

梁启超虽然多次宣布不再过问政治，躲进书斋治学，但其实又一直在注意着政局。让他郁闷的是，“唱高调事”，“事实上既不因此而发生效力，而目前先自取狼狈，非计也”（民国十一年《致东荪足下书》）。

梁夫人李蕙仙赴菲律宾探望长女之后，梁启超经常在偌大空荡的花园内散步。一日，正巧邮差往门口的邮箱里投信件。梁启超取到不少报刊和信件，其中有一封梁思成6月28日寄自菲律宾的信件：

海行三日，儿乃至玛（马）尼拉。昨晨到时，姊姊、三哥至舟中接儿。自母亲以下长幼皆吉，堪告慰慈怀也。母亲已完全复元，毫无病后状态，较在家时胖且过之，每日午后必外出乘汽车吸新鲜空气一次，且散步海岸，故日益壮健。

信件读毕，梁启超的脸上堆起了欣慰的笑容。

仲夏，7月初旬，梁启超南下山东济南，在中华教育改进社做讲演，然后复回天津寓所。8月，梁启超又赴南京、南通、上海等地做讲演，月底，再到武昌、长沙，后经河南归天津寓所。

9月7日，《申报》登载了梁启超赴湖南演讲的事情。

任公于八月三十一日乘专车到省，赵（恒惕）省长以次及教育界各人士均到车站欢迎，入城后在天乐居行馆稍憩，即邀交涉员仇鳌、财政厅长唐巘访时务学堂故址。因二十五年前梁氏曾在该堂讲学也。既至，寻得及旧居之室，拍一小影，遂至暑期学校，书“时务学堂故址”数字，请仇、唐刊在该处以为纪念。午后四时在一中演讲，于此次莅湘甚多感慨之语，大演题为《什么是新文化》，听者极众。七时赴赵省长宴，梁、黄均有演讲。次日上午五时往游麓山，展拜黄、蔡坟台，九时返城，至省议会观第二次常会开会礼，并讲演《湖南省宪之实施》。十二时后赴大麓学校，时务、求实、高等三校校友会欢迎会，书“自强不息”四字为该校校额。二时许赴商会各公团公宴，三时半赴遵道会公开讲演，题为《奋斗之湖南人》，听者多至数千人。五时许复至一中，与教育界人士共摄一影，又在该校演讲，题为《湖南教育界之回顾与前瞻》。因时间迫促，仅讲完前段。六时许赴教育会公宴。宴毕即与黄任之、沈肃文诸氏赴小吴门外车站，赵省长以次以及教育界人士均至车站送行。

9 月 10 日，《申报》又登载了梁启超在武汉报界欢迎会上发表的演说词，其中谈到“政治应如何监督，社会应如何指导，教育实业应如何振兴”等问题，提到“故吾人以为社会大弊害，不在政府，不在政治，而在此种无业阶级，若长此任其猖獗，吾侪国民非破产不可”等。这些言论，罔顾事实，暴露了梁启超骨子里的资产阶级立场。

梁启超大约于 9 月中旬回到天津寓所，潜心著述，《大乘起信论考证》一书得以完成。

10 月末旬，梁启超又走出书斋，赴南京的东南大学讲学。

11 月 21 日，“陈老伯请吃饭，开五十年陈酒相与痛饮，我大醉而归”（民国十一年十一月二十三日《与思成永忠书》），梁启超因酒醉后伤风得病，医生说心脏稍有异状，张君劢说是脑充血，即刻停止他的课外讲演一星期。

梁启超到东南大学讲学，几乎每日都有两个小时以上的讲演，“讲演之多既如此，而且讲义都是临时自编，自到南京以来（一个月）所撰约十万字”，张君劢见他如此忙碌，日日和梁启超“闹说‘铁石人也不能如此做’”（民国十一年十一月二十九日《与思顺书》）。

12 月 25 日，梁启超为护国军起义纪念又做了一次讲演，晚上即致信长女梁思顺，可知当日演讲稿就有“十来张”，隔一日他又到苏州为学生做讲演：

> 十二月十二日的信收到了，欢喜得很。我现在还在南京呢。今日是护国军起义纪念日，我为学界全体讲演了一场，讲了两点多钟。我一面讲，一面忍不住滴泪。今把演稿十来张寄给你。我后日又要到苏州讲演，因为那里学生盼望太久了，不能不去安慰他们一番，但这一天恐怕要很劳苦了。我虽然想我的宝贝，但马尼拉我还是不愿意去，因为我不同你妈妈，到那里总有些无谓的应酬，无谓的是非，何苦呢？我于你妈妈生日以前，一定回到家，便着实休息半年了。

呜呼，正如梁启超在《先秦政治思想史》一书中所说：“孔子曰：‘不愤不启，不悱不发。’孟子曰：‘有终身之忧，无一朝之患也。’乃若所忧则有之。呜呼！如吾之无似，其能借吾先圣哲之微言以有所靖献于斯世耶？吾终身之忧何时已耶？吾先圣哲伟大之心力，其或终有以启吾愤而发吾悱也？”

第九章

创办文化学院流产，松坡图书馆始落成

癸亥（1923），梁启超五十一岁。

1 月 15 日，梁启超由南京回到天津寓所，在北京《晨报》登养病谢客启事，同月发起创办文化学院。

3月，梁启超完成《陶渊明》一书，有《论陶》一篇、《陶年谱》一篇、《陶集考证》一篇。

4月，梁启超到北京西郊翠微山养病，为《清华周刊》撰《国学入门书目》一篇。

5月7日，梁思成、梁思永遭遇车祸。月末，梁启超与康有为两次晤面。

6月，梁启超自翠微山返天津饮冰室。

7月，梁启超在南开大学暑期学校讲学。

8月，梁启超赴北戴河避暑。

9月起，梁启超在清华学校讲学。

11 月 4 日，松坡图书馆正式成立。

癸亥年，流年不利。

梁启超在上海请法国医生检查身体时，查出确有心脏病，他甚为担心。“我三十一夜里去上海，前晚夜里回来，在上海请医生（法国）诊验身体，说的确有心脏病，但初起甚微，只须静养几个月便好，我这时真有点害怕了。”（民国十二年一月七日《与宝贝思顺书》）

梁启超打算赶紧做完几次演讲就回家，其他地方和学校的邀请也一概推掉，计划闭门养病。

1 月 13 日，梁启超结束在东南大学的讲学，对该校学生发表了课毕告别讲演：

> 我自己的人生观，可以说是从佛经及儒书中领略得来。我确信儒家佛家有两大相同点：（一）宇宙是不圆满的，正在创造之中，待人类去努力，所以天天流动不息，常为缺陷，常为未济。若是先已造成——既济的，那就死了，固定了。正因其在创造中，乃如儿童时代生理上时时变化，这种变化即人类之努力，除人类活动以外，无所谓宇宙。现在的宇宙，离光明处还远，不过走一步比前好一步，想立刻圆满不会有的。最好的境域——天堂大同极乐世界——不知在几千万年之后，决非我们几十年生命所能做到的。能了解此理，则作事自觉快慰。以前为个人为社会做事不成功，或做坏了，常感烦闷，明乎此，知做事不成功，是不足忧的。世界离光明尚远，在人类努力中或偶有退步，不过是一现象。譬如登山，虽有时下，但以全部看，仍是向上走。青年人烦闷多，因希望太过，知政治之不良，以为经一次改革即行完满，及屡试而仍有缺陷，于是不免失望。不知宇宙的缺陷正多，岂是一步可升天的。

失望之因即根据于奢望过甚……

细读梁启超的这篇讲演，可见其宇宙观和人生观，是积极的、辩证的。

两天后，梁启超即起程返津门。到达天津后，梁启超旋即在1月20日的北京《晨报》第一版登载因病谢客启事：

鄙人年来虽委身教育，但惟愿就自己所好之学科，为短期之巡回讲演，或自约同志，作私人讲学。至于国立诸校之任何职员，断断不能承乏。敬告学界诸君，幸无以此相嬲。鄙人顷患心脏病，南京讲课勉强终了后，即遵医命，闭门养病，三个月内不能见客，无论何界人士枉顾者，恕不面会。谨启。

其实，梁启超只是“托病杜门谢客，号称静养，却是静而不养。每日读极深奥的《成唯识论》，用尽心思”（民国十二年一月二十九日《与宝贝思顺书》）。

梁启超还有事情要做，就是发起创办文化学院。梁启超拟采用半学院半学校的形式，自任院长，另请六七人任分科教导员。校舍设在南开大学的新校址中，分设本班、研究班、补习班和函授班。除了教学，学院还要整理古籍，校勘训释编订等。1月21日的北京《晨报》第一版登载了梁启超创办文化学院缘起宗旨和详细计划：

为创设文化学院事求助于国中同志。

启超确信我国儒家之人生哲学为陶养人格至善之鹄，全世界无论何国无论何派之学说，未见其比。在今日有发挥光大之必要。

启超确信先秦诸子及宋、明理学，皆能在世界学术上占重要位置，亟宜爬罗其宗别，磨洗其面目。

启超确信佛教为最崇贵、最圆满之宗教，其大乘教理尤为人类最高文化之产物。而现代阐明传播之责任,全在我中国人。

启超确信我国文学美术，在人类文化中有绝大价值，与泰西作品接触后,当发生异彩。今日则蜕变猛进之机运渐将成熟。

启超确信中国历史在人类文化中有绝大意义，其资料之丰，世界罕匹，实亘古未辟之无尽宝藏。今日已到不容扃镐之时代，而开采之须用极大劳费。

启超确信欲创造新中国，非赋予国民以新元气不可。而新元气决非枝枝节节吸受外国物质文明所能养成，必须有内发的心力以为之主。以上五事，实为其芽种。

启超确信当现在全世界怀疑沉闷时代，我国人对于人类宜有精神的贡献。即智识方面，亦宜有所持以与人交换。以上五事之发明整理，实吾侪对世界应负之义务。

启超确信欲从事于发明整理，必须在旧学上积有丰富精勤的修养，而于外来文化亦有相当的了解，乃能胜任。今日正在人才绝续之交，过此以往，益难为力。

启超虽不敢自命为胜任，然确信我在今日，最少应为积极负责之一人。我若怠弃，无以谢天下。

启超确信兹事决非一手一足之烈所能为力，故亟宜有一机关以鸠集现在已有相当学力之同志，培养将来热心兹业之青年。

启超确信现行学校制度有种种缺点，欲培养多数青年共成兹业，其讲习指导之方法及机关之组织，皆当特别。

以上说理由竟，当陈述现拟之计画……

在上面的表述中，梁启超一连用了多个“确信”，表达了他对中国文化艺术的自信。纵观近代学人谈文化艺术，像梁启超这样有远见且自信者，有几人欤？

梁启超创办文化学院的计划，以及征求赞助的启事公布后，响应者众多。各界有识之士致信梁启超，表示愿意捐助。特别是诸多崇拜梁启超的青年学生，纷纷来信表示愿意到未来的文化学院受教。但是，创办文化学院非有雄厚的资金支持，难以成就梁启超的宏愿。

自古贤豪出自穷巷桑产者为多，而拥亿万元资产者多不关心教育，社会捐助之金，不足建校之二成。除了资金不足，不少人的教育宗旨及方法，与梁启超相左。所以建文化学院一事，虽然梁启超竭尽全力地张罗，最后还是偃旗息鼓，令人唏嘘。

2月，梁启超完成了《陶渊明年谱》一篇，后来陆续写成几篇，汇成《陶渊明》一书，是年9月由商务印书馆出版。

此两旬间成一书，拟提曰《陶渊明》。内分三部分：（一）陶渊明之品格及其文艺价值，（二）陶渊明年谱，胡适之来此数日极激赏此作。（三）陶诗解题及新笺，此部分尚有少许未成。刻已付钞，日内寄上，即以版权全归公司，作为此两、三月受禄之代价也。《释迦》一篇在组织中。《陶渊明》完功后，当全力着手。知念，并闻。（民国十二年三月二十日《与梦旦兄书》）

《陶渊明年谱》自序讲述了写作的详细经过：

秋冬间讲学白下，积劬婴疾，医者力戒静摄。宁家后便屏百虑，读陶集自娱。偶钩稽其作品年月，而前人所说，皆不能惬吾意。盖以吾所推定，陶公卒年仅五十六，而旧史旧谱皆云六十三。缘此一误，他皆误矣。遂发愤自撰此谱，三日而成。成后，检箧中故书，得旧谱数种，复以两日校改之为斯本。号称养病，亦颇以镂刻愁肝肾矣。

壬戌腊不尽五日即民国十二年二月十日，启超自记于天津之饮冰室。

《陶渊明》书成后亦有短序一篇，可见梁启超治学之态度严谨：

欲治文学史，宜先刺取各时代代表之作者，察其时代背景与夫身世所经历，了解其特性及其思想之渊源及感受。吾夙有志于是，所从骛者众，病未能也。客冬养疴家居，诵陶集自娱，辄成《论陶》一篇，《陶年谱》一篇，《陶集考证》一篇。更有陶集私定本，以吾所推证者重次其年月，其诗之有史迹可稽者为之解题。但未敢自信，仅将彼三篇布之云尔。《论屈原》一篇久写成，中有欲改定者，且缓之。其覃及诸家，则视将来兴之所至何如也。

（民国）十二年四月一日启超记

梁启超考证陶公卒年五十六，后来自身享年五十六。

2 月还发生了一件惊险的事情，梁启超经历了一场车祸。在梁启超给长女梁思顺的信中可知，2 月 17 日（阴历正月初二），讲学所聘请的杜里舒博士到天津做讲演，梁启超借了李宾四马车到车站迎他。出了饮冰室才到大马路交叉处，就被驶来的电车撞个正着，车、人、马俱倒在地上。梁启超只擦破头皮，但腿脚跌得酸痛，还坚持在南开讲演。夜晚又与张君劢、林志钧、丁文江谈了通宵。

3 月 15 日，好消息传到天津饮冰室。驻英国代办公使朱兆莘致信梁启超，言推荐梁启超为万国著作家俱乐部名誉会员。信中说：

近闻有创设文化学院之举，西报赞美有加，名山大业，代有传人，遥拜下风，穆然神往。伦敦万国著作家俱乐部，征求亚洲名誉会员二人，除日本应占一席外，由莘推举一人。该会悬格极高，入会者皆当世知名之士。环顾国中，著作等身，足膺斯选者，舍公谁属？故擅举大名，代表吾国。除由该会径通讯外，谨将会章函件附呈备览，乞赐复示，即颂著安。

成为万国著作家俱乐部名誉会员，是当时除诺贝尔文学奖之外各国作家之殊荣。20 世纪 20 年代初，由新文化运动孕育出的中国作家，除了李大钊推荐的辜鸿铭——“愚以为中国二千五百年文化，终出一辜鸿铭先生，已足以扬眉吐气于二十世纪之世界”——鲁迅、胡适等大师，在全球文化界的影响力，恐无人能超过梁启超。他能获此殊荣，也是实至名归。

四五月间，梁启超居京西翠微山秘魔岩，读书著述。翠微山的山居生活，可以从梁启超《稷山论书序》一文窥见，其中还有对书法的讨论。

癸亥长夏，独居翠微山之秘魔岩，每晨尽开轩窗纳山气，在时鸟繁声中作书课一小时许以为常。一日蒋百里挟一写本小册至，且曰：三十年夙负，合坐索矣。视之，则会稽陶心云先生论书绝句百首。原稿有俞曲园、谭复堂、李莼客、袁爽秋、沈乙庵诸序跋，皆手写也。而不佞一短札亦傫然虱其间，文笔书势皆稚弱如乳臭儿，视之羞欲死，盖十七八岁时初游京师作也。札中答心老吹诿作序云：三月内必有以报命。迄今为三月者，殆百有五十，而心老墓木久拱矣。记十二三岁时，在粤秀山三君祠见心老书一楹帖，目敚魂摇不能去，学书之兴自此。京师识心老，盖在夏穗卿座中，心老即席见赠一帖，文曰：学问文章过吾党，东南淮海惟扬州。且曰：粤地在《禹贡》固扬分也。其书龙跳虎卧，意态横绝。亡命后帖久烬，然神理深镂吾心目，今犹可髣髴也。心老论书尊碑绌帖，此固道咸以来定谳。虽然，简札之与碑版，其用终殊，孙虔礼所谓：以点画为情性，使转为形质者。其妙谛又非贞石刻文所能尽也。明矣！挽近流沙坠简出世，中典午残缣数片，与汇帖所摹钟、王书乃绝相类，其书盖出诸北地不知名之人之手，非江左流风所扇。故知翰素既行，风格斯嬗，未可遂目以伪体祧之也。余于书不能有所就，且平昔诵习皆在北刻，心老之论复何间然。顾孟子恶执一贼道，然则北刻外无楷法之论，终未敢苟同，恨不得起心老于地下更一扬榷之。或问曰：论书之作，在今日毋亦可以已耶？应之曰：不然，吾闻之百里，今西方审美家言，最尊线美，吾国楷法，线美之极轨也。又曰：字为心画，美术之表见作者性格，绝无假借者，惟书为最。然则书道之不能磨灭于天地间，又岂俟论哉？

新会梁启超

笔者不谙书法，但笃信中国之书法，乃吾民族之精神图谱之一，“风神骨气者居上，妍美功用者居下”（唐张怀瓘语），“书之要，统于‘骨气’二字”（清刘熙载《艺概·书概》），梁启超论书法，很有见地，正是“学书当自成一家之体”，学书在法，而其妙在人。

翠微山景色清雅幽静，日子却并不宁静。

《清华周刊》记者上山拜望并约稿。梁启超撰《国学入门书要目及其读法》一文在该刊发表。当时胡适也撰写了《一个最低限度的国学书目》一文在该刊发表。清华园学子奔走相告。梁启超对胡适文，推崇备至。后来梁启超的著述出单行本，末附附录三篇，其一即为《评胡适之的〈一个最低限度的国学书目〉》。两位学者，一长一幼，在学术上互相砥砺，形成掎角之势，乃文苑之美谈。

当时，还有人冒“梁启超”之名写作研究直奉关系的文字登在《黄报》上，逼得梁启超只好在《晨报》上登报自证。

方才听说这几天《黄报》上登有一篇研究直奉关系的文字署名“梁启超”的，真是诧异极了！也许《黄报》的作者竟是奇巧的与我同姓同名，但在现今这样无奇不有的社会里，甚么事都会发现，所以我想对于那篇署名“梁启超”的大文，应得有个声明：

第一，要声明是我——广东新会的梁启超——绝对不是那篇文字的作者。

第二，我近来不做研究现实政局的文字。

第三，我从来未曾有过投稿《黄报》的荣幸。

我也已有信给《黄报》的主笔，请声明那篇文字的来源，若然是有人故意借用我的名字，我只有请《黄报》的主笔对我完全负责。

五月三日

5 月 7 日（阴历三月廿二），梁思成、梁思永遭遇车祸。当天是“五七国耻纪念日”，北京城里的学生举行示威游行，当天也是梁启超长弟梁启勋的生日［光绪二年三月廿二（1876 年 4 月 16 日）］，梁思成、梁思永就跟着梁启超进城了。

二人骑着长姐梁思顺从菲律宾带回来的摩托车，行至南长街口，被一大汽车撞倒，二人跌倒在地。梁思成受伤严重，昏迷过去。梁思永不顾满面流血，飞奔回家，唤家人去救。众人将梁思成背到家时，他脸上一点血色也没有，两眼发直。梁思忠见状，大声哭泣，几乎晕死。等到医生赶来施救，梁思成才缓过气来，抱着父亲道：“爹爹啊，你的不孝顺儿子，爹爹妈妈还没有完全把这身体交给我，我便把他毁坏了，你别要想我罢……千万不可告诉妈妈……姐姐在哪里，我怎样能见她？”

众人又将梁思成送到协和医院治疗。后来梁启超去车祸现场看过，见一死尸横陈街头，一直没收殓，应该是被那大汽车撞死之人，梁启超觉得后怕。

兄弟俩遭遇车祸的事，很快就上了《晨报》，报上讲得清楚，车祸的制造者正是时任北洋政府陆军部次长的金永炎。当时撞人之后，金永炎根本没下车，扬长而去。梁夫人李蕙仙入京探望梁思成之后，亲自到总统府找到黎元洪，要求严惩。梁思成二叔梁启勋大发雷霆，必欲诉诸法律，叫警察拘传司机，扣留汽车。在舆论的压力之下，金永炎才服软来到医院看望梁思成并慰问，正好梁夫人也在医院，梁夫人将他痛骂一顿。

后来此案判定责任仍在司机，坐车人只有道德责任，金永炎用司机当了替罪羊，可见当时司法弛废，社会混乱。

5月上旬，张君劢、丁文江因“对于人生观的观察点不同，惹起科学、玄学问题的论战”，还有好几位学者陆续加入战团，而这些人都是梁启超“最敬爱的朋友”，学术界再起波澜，两军主将都是梁启超的好友，他盼望论战是彻底的讨论，参战人越多越好，甚至自己也想参战。他在论战开始时撰写《关于玄学、科学论战之“战时国际公法”》一文，以免双方伤了和气。后来，他又撰写《人生观与科学》一文，借以导入为真理而论战的途径：

人类生活，固然离不了理智，但不能说理智包括尽人类生活的全内容，此外还有一极重要一部分——或者可以说是生活的原动力，就是情感。情感表出来的方向很多，内中最少有两件的的确确带有神秘性的，就是“爱”和“美”。科学帝国的版图和威权无论扩大到什么程度，这位“爱先生”和那位“美先生”依然永远保持他们那种“上不臣天子，下不友诸侯”的身份。请你科学家把“美”来分析研究罢，什么线，什么光，什么韵，什么调……任凭你说得如何文理密察，可有一点儿搔着痒处吗？至于“爱”，那更玄之又玄了。假令有两位青年男女相约为“科学的恋爱”，岂不令人喷饭？又何止两性之爱呢，父子朋友……间至性，其中不可思议者何限。孝子割股疗亲，稍有常识的也该知道是无益，但他情急起来，完全计较不到这些。程婴、杵臼代人抚孤，抚成了还要死。田横岛上，五百人死得半个也不剩。这等举动，若用理智解剖起来，都是很不合理的，却不能不说是极优美的人生观之一种。推而上之，孔席不暖，墨突不黔，释迦割臂饲鹰，基督钉十字架，替人赎罪，他们对于一切众生之爱，正与恋人之对于所欢同一性质，我们想用什么经验什么轨范去测算他的所以然之故，真是痴人说梦。又如随便一个人对于所信仰的宗教，对于所崇拜的人或主义，那种狂热情绪，旁观人看来多半是不可解，而且不可以理喻的，然而一部人类活历史，却十有九从这种神秘中创造出来，从这方面说，却用得着君劢所谓主观，所谓直觉，所谓综合而不可分析……等等话头。想用科学方法去支配他，无论不可能，即能，也把人生弄成死的没有价值了……

我把我极粗浅极凡庸的意见总括起来，是“人生关涉理智方面的事项，绝对要用科学方法来解决；关涉情感方面的事项，绝对的超科学”。

梁启超不是唯物主义者，但观其论，充满辩证色彩，正所谓“金石有声，不动不鸣，管箫有音，不吹无声”（《文子·上德》）。此文既讲明事理，又拟使两个好友的争论变成“奇文共欣赏，疑义相与析”的学术讨论。

时康有为正学孔子，游走各地，于5月末旬至天津，梁启超回到天津迎迓。

夫子大人函丈：

闻杖履抵津，欢喜踊跃。启超一月前入京在秘魔岩独居读书，闻讯即拟赴津敬谒。因小儿被车轧伤，现入医院，顷正割驳，须稍照料抚视，不审吾师拟入京否？翠微山色正佳，能来小住，亦一适也。若厌京尘不欲莅止，不识在津亦拟一盘桓否？希饬一示，当即造也。（民国十二年五月二十日《致

夫子大人书》）

“康梁”师生两度晤面，梁启超“两次捧杖履”，再续师生情谊。

两次捧杖履，终恨卒卒未疗积想也。

呈上纸三张，一款志摩者，即昨日造谒之少年，其人为弟子之弟子，极聪异，能诗及骈体文，英文学尤长，以英语作诗为彼都人士所激赏。顷方将弟子之《先秦政治思想史》译为英文也。一款宰平者，其名为林志钧，深于佛学，前袁世凯称帝时，最先弃官者也，素敬先生，故为代求。一款藻孙者，其人为弟子之内侄，欲得数字以志景仰，希推爱随意为一挥，至幸。

京尘恶浊，吾师不往亦佳，既尔则秘魔之游似亦可不必矣。弟子今日早车入京，若师行甚促，恐不复走送，主臣主臣。阁帖赐跋成，或交去手带回亦可，丁在君乞赐纪念语，若书就亦请掷弟子处。（民国十二年五月二十六日《致夫子大人书》）

“康梁”师生系改良运动的代表人物，在严重的民族危机和尖锐的阶级矛盾下，他们的改良运动得到不少士子的赞成和拥护，形成了一个相当广泛的群众运动。戊戌变法失败后，康有为渐成保皇派，成为袁世凯复辟称帝的有力支持者。成为资产阶级改良派的梁启超，积极传布新思想、新文化，政治主张也都是相对立，师徒二人因此分道扬镳。此次康有为到津，梁启超努力尽弟子之礼而已。

6月初，梁思成之伤，在经过住院三次手术后，“已完全接好，可以如常人一样，四星期后便可出院”（民国十二年六月一日《与思顺书》)，留学之事也不耽误。这样，居于西山的梁启超，不再因梁思成的伤而频频往返于城内城外。梁启超因“心境极佳（身体亦益健)，读书至乐”，而西山“渐暑蚊虻多”（民国十二年六月十三日《与宝贝思顺书》)，不久即返回天津饮冰室。

癸亥年，中国政坛风云变幻。6 月 12 日，中国共产党在广州召开第三次全国代表大会，决定与国民党合作，大会选举陈独秀、李大钊、毛泽东等人组成中央局。

6 月 13 日，大总统黎元洪以向国会辞职为名，出走天津，后重谋执政不遂，从此退出政坛。其间，直系军阀曹锟不顾一切地欲谋大总统一职。

7 月 4 日，梁启超在天津饮冰室致信曹锟，率直又恳切地劝他打消此念头，信中说：

> 夫大觉悟与大忏悔，非大英雄不能也。勒马悬崖，放刀成佛，抑何容易，吾诚不敢望公之能用吾言，徒以哀怜众生故，终不能已于言耳。
>
> 讲课煎迫，著述百忙，有鲠在喉，非吐不快，辄辍他业，陈此谠言。倘承垂采，何幸如之；目以谤书，无所逃罪。溽暑郁陶，伏惟自爱不宣。

此举引起了曹锟的忌恨，“某人于我辈忌恨无所不至，数日来所闻诬构之辞更种种出人意表”（民国十二年九月十八日《致季常书》)。次年的 6 月 27 日，曹锟忽然来到北海，步行至松坡图书馆前，“令卫兵将松馆界木桩全行拔去，不知何意。三十日干事会佥谓置之不理。近日并无下文。此事琐琐不足告，惟未尝于馆无关，故以奉达，似可不议也”

（民国十三年七月二日蹇念益《致任公先生书》）。是年10月5日，曹锟以一千三百五十万元巨额款项，买得中华民国大总统职位，为世人所不耻，遭全国各界声讨，各地举行了游行示威。孙中山明令讨伐曹锟，并通行各国领事馆，否认曹锟为大总统。

9月1日，日本关东地区发生七级以上强烈的大地震，波及东京、横滨、沼津、名古屋、大阪诸地，造成了巨大的灾难，伤亡约十万人，共计三百万人受灾。当时中国时局混乱，但是政府还是号召全国人民捐出粮食、物品和款项，以援助日本。中国各界名流以及各地商会、工会、红十字会等机构纷纷出面募捐，将物资海运到日本。

梁启超于9月6日在《晨报》发出通电：

日本此次震灾，为历史未闻之浩劫。灾情全部真相，尚未明了，但据现在报告，则彼都商工业及文化之中心，殆悉成焦土，嗷鸿遍野，逖听惊心。我国学士侨商数千人，同在难中，呼号路绝，凡有血气，能不恻然。我国地处密迩，救灾恤邻，责无旁贷。窃谓一面宜由政府急派军舰，运载粮食，驰往急赈。一面宜由民间发起大规模之救济会，募集巨款，采办物品，陆续营救。近年来日本政府对我之举措，诚多予吾人以不慊。但少数军阀之责任，不能以致怨于其国民。《诗》曰，凡民有丧，匍匐救之。我国民素崇泛爱之教，际兹急难，诚宜率先仗义，发扬利他忘我之精神，剑及履及，为诸国倡，非特国际道义宜然，抑亦良心之所命也。凡百君子，谅有同情，伏候提倡，执鞭欣慕。

当时日本人在屋内烧炭做饭、取暖，火炉因地震被打翻，引发火灾，有几万人死于火灾。梁启超亦有熟人因此丧生，“日本这回火灾，真是惊心动魄，熟人被难的还不多，最可惜长寿卿葬送了”（民国十二年九月六日《与宝贝思顺书》）。

梁启超积极办救济会，“日本华侨赈款，请汇神阪华侨救灾团收（现在赈侨民自然以神户为中心），因该团办得极出力而极穷，我正发电国内各处，告诉他们汇钱去”（民国十二年十月六日《与宝贝思顺书》）。

冬，11月4日，松坡图书馆正式成立，梁启超出席典礼，“热闹了一天”（民国十二年十一月五日《与宝贝思顺书》）。早在6月20日松坡图书馆择定馆址于北海快雪堂时，梁启超就撰写了《馆记》一文，论及创办该馆的经过：

> 民国五年十一月七日蔡公薨，国人谋所以永其念者，则有松坡图书馆之议。顾以时事多故，集资不易，久而未成，仅在上海置松社，以时搜购图籍作先备。十二年春，所储中外书既逾十万卷，大总统黄陂黎公命拨北海快雪堂为馆址。于是以后庑奉祀蔡公及护国之役死事诸君子，扩前楹藏书，且供阅览。诗曰“高山仰止，景行行止”。入斯室者百世之后犹当想见蔡公为人也。
>
> 民国十二年六月二十日梁启超记

年底，胡适、徐志摩、梁实秋、闻一多等文坛翘楚，在北京创立了新月社。新月社在文学创作上追求唯美主义，倡导“纯粹的艺术”，形成了流派；在政治上，宣传西方人权学说，反对“盲目的暴力革命”。这些理念与梁启超的观念接近，而且，新月社同人大多与梁启超有较深的交往。

第十章

热情陪泰戈尔访华，祭妻仙逝悲撰《悼启》

甲子（1924），梁启超五十二岁。

1 月 29 日，戴东原二百年诞辰纪念在京召开。

4 月，印度诗人泰戈尔来华，梁思顺回国。18 日，夏曾佑去世。23 日，梁启超撰《亡友夏穗卿先生》一文。

春季，梁启超又在南开大学讲学，著有《清代学者整理旧学之总成绩》一文，其时张东荪、陈筑山等人数次敦促梁启超发展中国公学。

6 月，梁思成赴美留学。

9 月 13 日，梁夫人李蕙仙因患乳癌逝世，梁启超哀痛万分，撰《悼启》一文。

10 月，北京政变，冯玉祥囚禁曹锟。

11 月 24 日，段祺瑞就任中华民国临时执政。

年底，孙中山带病入京。

去年10月10日，梁启超就与同人发起了戴东原二百年诞辰纪念会，还撰写了《戴东原生日二百年纪念会缘起》一文，广邀同道。“稍为研究过中国近世学术史的人，都应该认识戴东原先生的位置和价值”，“我们学界的人很应该替他做一回庄严的纪念”。

是年1月19日，戴东原二百年诞辰纪念会在北京安徽会馆召开，参会者甚众。

戴东原，出生于雍正元年十二月二十四日（1724年1月19日），卒于乾隆四十二年五月二十七日（1777年7月1日）。名震，字东原。安徽休宁人，清乾隆举人，哲学家、思想家、考据学家、经学家。屡考进士不中，纂修《四库全书》，任翰林院庶吉士。

治经反对师法汉儒，主张以原经典本身为主，仍属古文经学。学者段玉裁、王念孙父子皆从其学。著有《毛郑诗考正》《孟子字义疏证》《声韵考》《声类表》《戴氏水经注》《考工图记》《勾股割圆记》等。其中，《孟子字义疏证》一书，从训诂疏证入手，批判程朱理学的唯心论，坚持“理在气中”的唯物自然观，抨击宋儒“以经杀人”，把人欲与天理统一起来。

戴东原这些思想，引起梁启超的关注并加以研究，对他影响甚大。在纪念会之前，梁启超原打算写成五篇论文，但是因为纪念会改期，原定1月29日举办（阴历十二月二十四日），后来提前了十天，梁启超仅完成了三篇。登载于《晨报副镌》的《戴东原哲学》的第十章上写着“暂阙”二字，上面有个说明：

我要向读者告罪，因为我这篇文章，还没有做成。我对于这回东原生日纪念本打算做五篇论文：一是东原先生传，二是东原著述考，三是东原哲学，四是东原治学方法，五是颜习斋与戴东原。因为校课太忙，始终没有空执笔。其初本是在旧历十二月二十四日举行的，后来议定换算阳历，忽然提早十天，我越发赶不过来，现在已成三篇，都是尽十天工夫赶的。这一篇东原哲学，我是接连三十四点钟不睡觉赶成，下剩两节，实在没有法儿赶了。像这样草草属稿，如何能有称心文字。我觉得对不起东原，又对不起读者，容改日补过罢。

我睡觉去了。

（民国十三年）一月十九日午前三时启超

梁启超、蔡元培决定以北京讲学社的名义邀请印度诗人泰戈尔访华。泰戈尔生于1861年，于1913年获得诺贝尔文学奖，并获封英国爵士。泰戈尔的诗歌作品，弥漫着神秘色彩和宗教气氛，在国际上享有盛誉，也深受中国读者推崇。

泰戈尔高兴地接受了邀请，决定于4月访华。此前一个月，梁启超便开始筹划。3月7日，梁启超致信蹇念益，跟他商量为泰戈尔筹备住所：

示悉，叔鲁房子事，我自己问题很小，因为内人病势日日见轻，或者竟可在天津住了，独太戈尔房须别觅，真是一问题，渠不过一个月后便来，非赶紧设法不可。我想城里找适当的很难，最好是海淀，其次则香山，你说怎么样？海淀孙慕韩的不知能借否或其他前清阔人别庄亦请打听，请你托幼山或仲恕一问何如？香山除双清别墅外，哪里最好？请你也想一想。志摩既未来，我想此事预备招待事要陈博生负点责任，我已有信给他，请你也和他接头。

为了欢迎泰戈尔，梁启超还在师范大学做了《印度与中国访华之亲属的关系》的演讲：

> 我们西南方却有一个极伟大的文化民族，是印度，他和我从地位上看，从性格上看，正是孪生的弟兄两个。咱们哥儿俩，在现在许多文化民族没有开始活动以前，已经对于全人类应解决的问题着实研究，已经替全人类做了许多应做的事业，印度尤其走在我们前头，他的确是我们的老哥哥，我们是他的小弟弟。最可恨上帝不做美，把一片无情的大沙漠和两重冷酷的雪山隔断我们往来，令我们几千年不得见面，一直到距今二千年前光景，我们才渐渐的知道有恁么一位好哥哥在世界上头。

梁启超的谦逊精神，表现出对自己民族文化的自信，这是何等有气魄的民族精英。

4月12日，北方春暖花开，江南芳草碧连天时节，泰戈尔抵达上海。4月23日，在徐志摩、王统照的陪同下，泰戈尔到达北京。在正阳门东车站迎迓的各界人士有梁启超、蔡元培、林长民、胡适、梁漱溟、蒋梦麟、辜鸿铭、熊希龄、范源濂等四五百人。

26日的《晨报》记载，4月25日，梁启超、蒋百里、熊希龄、汪大燮、蒋梦麟、范源濂等人在北海静心斋欢迎泰戈尔，胡适、陈普贤、秦墨哂等四十余人陪。5时开茶会，及半梁启超起立致欢迎词，大意如下：

> 中印两国是兄弟之邦，一千三四百年以前，印度伟人来

游吾邦者踵相接，故吾国文化上所受印度之影响，深且大。今兹吾人又获与印度现代伟人相接，使数百年中断之沟通，又得一接近之机缘，此实吾人最为荣幸之事。吾国之哲学、文学、美术、雕刻、小学、音乐，乃至于医学、数学、天文亦莫不受其影响。余将于明日（即二十六日）及后日（即二十七日）在师大、北大讲演，聊表欢迎泰氏之意。

“梁任公致词完毕，由张逢春译成英语。继由泰氏答辞，历三十分钟之久。”泰戈尔致答词时，长髯飘飞，目光炯炯，谈东方哲学对世界的影响，侃侃而谈，迸发智慧之光。

此次泰戈尔访华，从上海开始，徐志摩全程陪同。泰戈尔发表《东方文明的危机》时，便由徐志摩担任翻译。5 月泰戈尔取道日本归国，徐志摩专程送到日本。

泰戈尔到北京后，林徽因全程陪同。4 月 23 日，林徽因和大家一起在正阳车站欢迎泰戈尔。25 日，林徽因与梁启超、林长民、胡适等陪同泰戈尔游览北海，参观松坡图书馆，赴静心斋茶会。26 日，林徽因与徐志摩、陈西滢等人陪同泰戈尔游览京郊法源寺。27 日，林徽因陪同泰戈尔游览故宫御花园，兼作翻译，晚上陪同参加北京文学界欢迎泰戈尔的宴会。28 日，林徽因与梁启超、梁思成等人陪同泰戈尔在先农坛与北京学生见面，徐志摩担任翻译。29 日，林徽因与胡适、徐志摩、王统照、颜惠庆等人陪同泰戈尔，午前参加北京画界在贵州会馆的欢迎会，下午参加庄士敦的招待。

28 日在先农坛为泰戈尔举办的演讲会上，梁启超首先致欢迎词，然后林徽因右扶、徐志摩左搀，簇拥着泰戈尔登上讲台演讲。吴咏的《天坛史话》书中有生动的描写：“林小姐人艳如花，和老诗人挟臂而行，加上长袍白面、郊寒岛瘦的徐志摩，有如苍松竹梅的一幅三友图。徐志摩的翻译，用了中国语汇中最美的修辞，以硖石官话出之，便是一首首的小诗，飞瀑流泉，淙淙可听。”

泰戈尔很喜欢中国文化，想请中国朋友给自己起中国名字，梁启超就为他起了一个中国名字——竺震旦：

> 泰谷尔很爱徐志摩，给他起一个印度名叫做Soo sim。泰氏有一天见我，说道：我不晓得什么缘故，到中国便像回故乡一样……他要求我送给他一个中国名字，还说他原名上一个字Rab是太阳的意思，下一个字Indra是雷雨的意思，要我替他想“名字相覆”的两个字……过两天他又催我，还说希望在他生日那天得着这可爱的新名。我想印度人从前呼中国为“震旦”……这两个字却含有很深的象征意味，从阴曀界雾的状态中春砉然一震，万象昭苏，刚在扶桑浴过的丽日从地平线上涌现出来。这是何等境界！泰谷尔原名正含这两种意义，把他意译成“震旦”两字，再好没有了……我希望我们对于他的热爱跟着这名儿永远嵌在他心灵上，我希望印度人和中国的旧爱，借些震旦这个人复活转来。

5月8日是泰戈尔的六十四岁寿生日，北京文化界借协和大礼堂，举行盛大集会，为泰戈尔祝寿。胡适主持庆典，宣布梁启超代表大家为他起的中国名字为“竺震旦”，并赠他一方“竺震旦”印章。泰戈尔欣然接受。

接着，台上出现了一轮新月，寓意泰戈尔的诗集《新月集》。大幕拉开，由林徽因、徐志摩等人用英语演出了泰戈尔的诗剧《齐德拉》

(*Chitra*)。林徽因、徐志摩二人的表演出神入化，看得泰戈尔老泪纵横，连梁启超、胡适也全神贯注，沉浸其中。

泰戈尔离开中国时，因未能助徐志摩追求到林徽因而遗憾，特地为林徽因留下了一首小诗:“天空的蔚蓝，爱上了大地的碧绿，他们之间的微风叹了声‘哎’！”

6月16日，林徽因与梁思成在上海乘坐昌兴轮船公司的远洋客轮“俄国皇后”号，赴美宾夕法尼亚大学留学。17日的《申报》上记载:“梁任公之子思成偕林长民及林之女公子(思成之未婚妻),于日前抵沪。梁林两君此次南下，系为赴美留学。昨日下午3时梁君与林女士在海关码头赴淞。”

两年后的10月3日(阴历七月初七)，徐志摩与陆小曼在北海公园画舫斋举行盛大的结婚典礼，胡适说情，梁启超答应做证婚人，但他“在礼堂演说一篇训词，大大教训一番，新人及满堂宾客无一不失色，此恐是中外古今所未闻之婚礼矣”(民国十五年十月四日《给孩子们书》)。这篇惊世骇俗的证婚词如是说:

> 志摩、小曼，你们两个都是过来人，我在这里提一个希望，希望你们万勿再做一次过来人。婚姻是人生的大事，万万不可视作儿戏。现时青年，口口声声标榜爱情，试问，爱情又是何物?这在未婚男女之间犹有可说，而有室之人，有夫之妇，侈谈爱情，便是逾矩了。试问你们为了自身的所谓幸福，弃了前夫前妻，何曾为他们的幸福着想?
>
> 古圣有言“己所不欲，勿施于人”，此话当不属封建思想吧?建筑在他人痛苦之上的幸福，有什么荣耀，有什么光彩?
>
> 徐志摩，你这个人性情浮躁，所以在学问方面没有成就;

你这个人用情不专，以至于离婚再娶。小曼！你要认真做人，你要尽妇道之职。你今后不可以妨害徐志摩的事业……你们两人都是过来人，离过婚又重新结婚，都是用情不专。以后要痛自悔悟，重新做人！愿你们这是最后一次结婚！

此外，关于泰戈尔访华，是当时中国与世界访华交流的一件大事。但《申报》发表《泰戈尔与中国新闻社记者谈话》一文时，说："此次来华……大旨在提倡东洋思想……泰西文化单趋于物质，而于心灵一方面缺陷殊多。"针对此次谈话，1924 年 4 月 18 日的《中国青年》杂志第二十七期上，陈独秀以"实庵"笔名发表了《太戈尔与东方文化》一文，发表了自己的看法："太戈尔所要提倡复活的东方特有之文化，倘只是抽象的空论，而不能在此外具体的指出几样确为现社会进步所需要，请不必多放莠言乱我思想界！太戈尔！谢谢你罢，中国老少人妖已经多的不得了呵！"早在 1923 年 10 月，曾崇拜过泰戈尔的郭沫若撰写了《泰戈尔来华的我见》，认为泰戈尔宣传的主张，在中国是不必要的，"一切甚么梵的现实，我的尊严，爱的福音，只可以作为有产阶级的吗啡、椰子酒；无产阶级的人是只好永流一生的血汗。无原则的非暴力的宣传是现时代的最大的毒物"。受陈、郭二人的影响，泰戈尔来华之后，不是只有鲜花和掌声，还杂有抗议之声。

此年春季，梁启超又在南开大学讲学，日日埋头整理《中国近三百年学术史》中的《清代学者整理旧学之总成绩》一章，"百事俱废"。4 月因泰戈尔来华，梁启超才离开饮冰室来到北京。梁启超写信告知已回北京的长女梁思顺，说"我提前一日入京，准星期四早车来，下车即到太平湖，中饭可饬车来接，并告二叔及思成"（民国十三年四月廿一日《与顺儿书》）。

4月18日，梁启超三十多年的挚友夏曾佑去世，梁启超非常悲哀，于23日撰成《亡友夏穗卿先生》一文并致信张元济，言因夏曾佑与《东方杂志》关系极深，希望登载。同时，梁启超告知张元济自己《清代学者整理旧学之总成绩》已成稿，也希望登载在《东方杂志》：

顷著有《清代学者整理旧学之总成绩》一篇，本清华讲义中一部分，现在欲在《东方杂志》先行登出，因全书总须一年后方能出版。但原文太长，大约全篇在十万字以外，不审与《东方》编辑体例相符否？此文所分门类：一、经学；二、小学及音韵学；三、校注古字；四、辨伪书；五、辑佚书；六、史学；七、方志；八、谱牒；九、目录学；十、地理；十一、天算；十二、音乐；十三、金石；十四、佛学；十五、编类书；十六、刻丛书；十七、笔记；十八、文集；十九、官书；二十、译书。每类首述清以前状况，中间举其成绩，末自述此后加工整理意见。搜集资料所费工夫真不少。我个人对于各门学术的意见，大概都发表在里头，或可以引起青年治学兴味，颇思在杂志上先发表，征求海内识者之批驳及补正，再泐为成书。若杂志可登，欲要求每期登二万言以上，不审吾兄及《东方》编辑诸君意见如何？今先寄上经学、小学、音韵学之一部分，若谓可登，请即复书，当别为小序一篇，冠于首也。

8月12日，梁启超给朋友蹇念益的信中提到，妻子李蕙仙病情加重，已经不能离人，长女思顺有三个孩子，因为照顾两头已经病倒了，而王桂荃当时即将临盆，所以希望梁思成归国陪伴母亲。李蕙仙患的是乳癌，八年前曾在长女的陪伴下在马尼拉成功做了手术，如今复发，已经无法再进行手术。早在4月时思顺夫妇回国，就在北京租了房子以便照顾母亲。

8月24日，梁启超幼子梁思礼出生，后来深受梁启超疼爱，被称为“老baby”“老白鼻”。

到了仲秋，9月13日，梁夫人李蕙仙终是不治而卒。梁启超悲痛万分，撰写《悼启》一文：

> 悼启者，先室李夫人，实贵筑京兆公讳朝仪之季女。累代清门，家学劭茂。夫人以同治己巳生于永定河署，幼而随任京畿山左。京兆公薨于位，乃全眷返家园。光绪己丑，尚书苾园先生讳端棻主广东乡试，夫人从兄也。启超以是年领举，注弟子籍，先生相攸，结婚媾焉，于是夫人以二十三岁归于我。启超故贫，濒海乡居，世代耕且读，数亩薄田，举家躬耘获以为恒。夫人以宦族生长北地，嫔炎乡一农家子，日亲井臼操作，未尝有戚容。夫人之来归也，先母见背既六年，先继母长于夫人二岁耳。夫人愉愉色养，大得母欢，笃爱之过所生。戊戌之难，启超亡命海外，夫人奉翁姑，携弱女，避难澳门，既而随先君省我于日本，因留寓焉。启超素不解治家人生产作业，又奔走转徙，不恒厥居，惟以著述所入给朝夕。夫人含辛茹苦，操家政，使仰事俯畜无饥寒。自奉极刻苦，而常撙节所余，以待宾客及资助学子之困乏者，十余年间，心力盖瘁焉。
>
> 夫人厚于同情心而意志坚强，富于常识而遇事果断，训儿女以义方不为姑息。儿曹七八人，幼而躬自授读。稍长，选择学校，稽督课业，皆夫人任之，启超未尝过问也。幼弟妹

三人，各以十龄内外依夫人就学，夫人所以调护教督之者无不至。先姊早世，遗孤甥赵瑞莲、瑞时、瑞敬三人，外家诸侄李桂姝、续忠、福鬘，皆蚤丧母，夫人并饮食教诲之如己子，诸甥侄亦忘其无母也。启超自结婚以来，常受夫人之策厉襄助，以粗自树立。蚤岁贫，无所得书，夫人辄思所以益之。记廿一岁时所蓄竹简斋石印《二十四史》，实夫人嫁时簪珥所易也。中岁奔走国事，屡犯险艰，夫人恒引大义鼓其勇。洪宪之难，启超赴护国军，深夜与夫人诀，夫人曰："上自高堂，下逮儿女，我一身任之。君但为国死毋反顾也。"辞色慷慨，启超神志为壮焉。至其平日操持内政，条理整肃，使启超不以家事婴心，得专其力于所当务，又不俟言也。

呜呼！天佑不终，夺我良伴，何其速耶！何其酷耶！夫人体气至强，一生无病。民国四年冬，忽患乳癌。乳癌，诸病中最酷毒者，全世界医家迄今未得其病因及救治法，惟恃割治，割必复发，发至不能割，则束手焉。夫人自得病以来，割既两度，今春再发，蔓及项胁之际，与血管相接，割无所施，沉绵半年，卒以不起。然夫人性最能忍，虽痛苦至剧，犹勉自持。儿子思成、思永卒业清华学校，属当适美留学，恋恋不欲行。夫人虑其失学，挥之使去，曰："吾病无害，能待汝曹归也。"呜呼！孰谓竟与其爱子长别耶！夫人夙倔强，不信奉任何宗教，病中忽皈依佛法，没前九日，命儿辈为诵《法华》。最后半月，病入脑，殆失痛觉，以极痛楚之病而没时安隐，颜貌若常，岂亦有夙根耶！哀悼之余，聊用慰藉而已，略陈行谊，不敢溢美。海内君子，宠以哀诔，俾塞儿曹哀思，不胜大愿。

这篇文章简述了李蕙仙的一生，记述了李蕙仙的生平美德以及梁启超失去夫人后的伤痛，夫妻间的深情厚意，流淌在字里行间。

夫人去世之后，梁启超陷在痛苦之中，他在 12 月 3 日为北京《晨报》纪念增刊所写《苦痛中的小玩意儿》一文里，自述这年的苦痛：

《晨报》每年纪念增刊，我照例有篇文字，今年真要交白卷了。因为我今年受环境的酷待，情绪十分无俚，我的夫人从灯节起卧病半年，到中秋日奄然化去，他的病极人间未有之痛苦，自初发时医生便已宣告不治，半年以来，耳所触的，只有病人的呻吟，目所接的，只有儿女的涕泪。丧事初了，爱子远行，中间还夹着群盗相噬，变乱如麻，风雪蔽天，生人道尽，块然独坐，几不知人间何世。哎，哀乐之感，凡在有情，其谁能免？平日意态活泼兴会淋漓的我，这回也嗒然气尽了……

第十一章

婉拒段宪法起草会，乐意受聘清华导师

乙丑（1925），梁启超五十三岁。

1月，孙中山指示国民党中央向全党下令，抵制段祺瑞筹划的善后会议。

3月，段祺瑞发起宪法起草会，邀请梁启超赞襄其事，梁启超婉言谢绝。3月12日，孙中山逝世。

4月，梁思顺偕妹梁思庄等赴加拿大。

5月，五卅惨案发生，梁启超写多篇文章表达抗议。

7月下旬，梁启超赴北戴河避暑月余，注《桃花扇》。

9月初，梁启超出任清华国学研究院导师，主讲“中国文化史”。

10月3日（阴历八月十六日），葬梁夫人李蕙仙于北京西山卧佛寺旁新营坟园。

11月，梁启超任京师图书馆馆长。

12月，林长民因郭松龄失败遇难。

2月1日，不顾孙中山反对，段祺瑞临时执政府，在北京强行召开善后会议。善后会议实际上就是军阀的权力分配会议，原定追补的代表一百八十四人，国民党遵从孙中山先生的指示，抵制之。梁启超、黎元洪、唐绍仪等人也拒绝参加。

3月12日，孙中山在位于铁狮子胡同的中山行馆中逝世，享年六十岁。消息传出，举国哀痛。19日，家属及部分国民党党员，将孙中山灵柩移往中央公园社稷坛。十二万北京民众，站立街道两旁，恭迎移灵队伍。自24日起，社稷坛举行公祭。段祺瑞应诺前去致祭，但不敢前往，只派内务总长龚心湛代祭，气得李烈钧大骂："死总理吓死了段执政！"后来前往吊唁的民众达到七十四万五千人次。4月2日，孙中山灵柩移往西山碧云寺。

3月14日，梁启超至中山行馆吊唁，由汪精卫等人招待。3月18日的《申报》记载如下：

梁问孙先生病逝时情形，汪即略述梗概，并谓：先生自十一日夜半以后，已不能为有连贯的发言，惟断断续续，以英语或粤语及普通语呼"和平""奋斗""救中国"等语，梁极感叹，谓：此足抵一部著作，并足贻全国人民以极深之印象也。

时有党员问：昨日《晨报》所载足下论"先生为目的不择手段"等语，作何解释？

梁谓：此仅慨叹中山先生目的之未能达到。党员尚欲继续质问，汪谓：梁君吊丧而来，我们如有辩论，可到梁君府上，或在报上发表。

党员始无言而退。

4 月，长女梁思顺的丈夫周希哲任驻加拿大领事，携全家出国赴任，当时梁思庄十七岁了，思顺将她带到加拿大读书。姐妹俩走后，梁启超心里难过。

“宝贝思顺、小宝贝庄庄：你们走后，我很寂寞。当晚带着忠忠听一次歌剧，第二日整整睡了十三个钟头起来，还是无聊无赖，几次往床上睡，被阿时、忠忠拉起来，打了几圈牌，不到十点又睡了，又睡十个多钟头。思顺离开我多次了，所以倒不觉怎样；庄庄这几个月来天天挨着我，一旦远行，我心里着实有点难过。”（民国十四年四月十七日《与思顺、庄庄书》）她们当时都不知道，这一走，与父亲竟是永别。

“你们到温那天，正是十五，一路上看着新月初生直到圆时，谅来在船上不知唱了多少次‘江上何人初见月，江月何年照初人’了。我晚上在院子里徘徊，对着月想你们，也在这里唱起来，你们听见没有？我多少年不做诗了，君励的老太爷做寿，我忽然高兴，做了一首五十五韵的五言长古，极其得意，过两天抄给你们看。”（民国十四年五月九日《与思顺、思成、思永、思庄书》）

5 月 1 日，第二次全国劳动大会在广州召开，会上通过了《中华全国总工会章程》，成立了由共产党领导的中华全国总工会。林伟民任委员会，刘少奇副之。

因日商枪杀工人顾正红，5 月 30 日，中共上海地委发动五卅反帝大示威。学生在租界发传单，发表讲演，进行反帝宣传，被老闸巡捕房扣留。近万人聚集在巡捕房门口，要求释放被捕学生，英巡捕房开枪射杀了十三人，伤十人，拘捕五十三人。

当晚，中共中央召开紧急会议，决定发动上海商人罢市、工人罢工、学生罢课。罢工的工人就达到十八万人。很快，五卅运动由上海蔓延至全国，近二十座城市举行“三罢”运动，声援上海罢工工人。

五卅惨案发生后，梁启超立即与朱启钤、李士伟、丁文江等人联合发表共同宣言，登载于6月的《申报》。共同宣言声讨帝国主义，支持工人运动：

> 要使得目前紧张的局面不再增加，我们希望两方面应该注意以下的步骤：（一）希望北京有关系的外国使馆赶紧训令上海领事团通告工部局，对于徒手的市民不再用武器，并且不靠武器的力量处置目前严重的局面。（二）希望上海市民始终保持稳健同有秩序的态度，不拿他们生命肢体再冒危险，而且不令将来有责任的机关用和平手段来解决时，增加困难。（三）双方当局应该立刻派公正的中外代表共同组织委员会，会同自由调查杀伤人的实在情形，来决定责任究竟在谁人身上，并作一个报告，作为解决这件事的根据。同时应该承认如果杀伤的行为照世界公认的法律原则的公断不是必要的，那么对于此案应有充分的处分。为使前项步骤得达我们所希望的效果起见，深望驻京有关系国的使馆，希本坦白的心来应付上海的现状，将此项惨案的责任问题，留待上文提议的公平自由调查的办法来确定。

梁启超还连续写了《为沪案敬告欧美朋友》《我们该怎么样应付上海惨杀事件》《赶紧组织“会审凶手”的机关啊》《沪案交涉方略敬告政府》《对欧美友邦之宣言》《谈判与宣战》《答北京大学教职员（沪案）》《致段执政书（沪案）》等文章，为当时文化界写批判文章最多而有力量者。这些文章支持工人运动，指斥洋人杀人罪行，表现了一位文人的良知和道义。

3月，段祺瑞发起宪法起草会，曾经邀请梁启超赞襄其事，被梁启超婉拒。5月初，梁启超离开饮冰室赴京，段祺瑞的善后会议闭幕。他万万没想到自己拒不参加的宪法起草会，居然选他当了会长，他自然拒绝。不料没过几天，合肥派姚震来到天津饮冰室，带来一封亲笔信，言辞恳切。梁启超再三力辞，但姚震哀求了三个钟头，说段祺瑞说："一次求不着，就跑两次、三次、五次天津，要答应才罢。"梁启超几乎松口答应，勉强说同意考虑考虑。然后，梁启超立刻致电致函京沪的几位挚友，商量其事，因为觉得不答应就像绝交一样。到第二天早上，梁启超觉得自己糊涂了，决定无论如何要拒绝。果然，隔了一天，京中的蹇念益、林志钧等人和天津的丁文江都表示反对，上海的蒋百里、张君劢、张东荪也来电来函表示反对。最终，梁启超"细思，已决定非坚拒不可"（民国十四年五月七日《致藻孙书》），但又考虑到交情，"至宪法内容，我当私草一案，以备参考云云。词甚婉转，而甚坚决，或可就此了结，亦不至大伤交情也"（民国十四年五月八日《致季常先生书》）。此事到此尘埃落定。

在这极复杂的政治局面下，坚持正义，并不是一件容易的事，梁启超守住了清白。

6月2日，中华图书馆协会举行成立仪式，总事务所设在北京，前期设董事部和执行部，第一任董事部部长为梁启超，书记为袁同礼（字守和）。4月25日，中华图书馆协会成立，梁启超提供了帮助。"数日前袁同礼君来言，欲借第二馆房屋数间，为中华图书馆协会暂设事务所。窃计此事无法拒绝，且亦不必拒绝，已许之矣。忘却报告，想公及诸干事当无异议也。"（民国十四年五月八日《致季常先生书》）

梁启超在成立会演讲词中提到中华图书馆协会应该负起两种责任：

"第一，建设'中国的图书馆学'。第二，养成'管理图书馆人才'。"

是年初夏，饮冰室园内树茂草碧，梁启超忽有诗兴，所赋甚多。6月22日，梁启超致信胡适并附词《沁园春》：

顷为一小词，送故人汤济武之子游学。此子其母先亡，一姊出家，更无兄弟，孤子极矣。即用公写法录一通奉阅，请一评，谓尚要得否？下阕庄语太多，题目如此，无法避免，且亦皆心坎中语也。

沁园春

送汤佩松毕业游学

可怜！阿松：

万恨千忧，

无父儿郎。

记而翁当日，

一身殉国，

血横海峤，

魂恋宗邦。

今忽七年，

又何世界？

满眼依然鬼魅场！

泉台下，

想朝朝夜夜，

红泪淋浪。

松！

已似我长；

学问也爬过一道墙。

念目前怎样，

脚根立定？

将来怎样，

热血输将？

从古最难，

做“名父子”，

松！

汝箴心谨勿忘！

汝行矣！

望海云生处，

老泪千行。

过了几天，梁启超又致信胡适附词两首：

昨寄稿《相见欢》中“菖蒲”应改作“石蒲”，盖所养者盆中蒲草也，若菖蒲则开花不足奇矣。

又数日前更有小词数首，并写呈。

一、好事近

籍亮侪病中赋诗索和，其声哀厉，作小词以广之。

千古妙文章，
只有一篇《七发》。
侈说“惊涛八月”，
又“怪桐百尺”。

“主人能强起学乎”？
“惫矣！谨谢客”。
几句“要言妙道”，
恰霍然病失。

咄咄臭皮囊，
偏有许多牵掣！
哄动文殊大士，
到维摩丈室。

多生结习满身花，
天女漫饶舌。
一喝耳聋之后，
看有何言说？

二、西江月

癸亥端午前三日，师曾以画扇见诒，画一宜兴茶壶，媵以小词，盖绝笔矣。检视摩挲，追和此解，泫然欲涕。

忆得前年此日，
陈郎好画刚成。
忽然掷笔去骑鲸，
撇下一壶茶冷！

摘叶了无叶相，
团泥那是泥形？注一
“虚空元自没亏盈”，注二
此意而翁能领。

注一　原词云：摘叶何须龙井，团泥不必宜兴。

注二　散原先生原句。

7月3日，梁启超又致信胡适，探讨了诗词的韵律问题：

两诗妙绝，可算“自由的词”。《石湖诗书后》那首，若能第一句与第三句为韵——第一句仄，第三句平，则更妙矣。

去年八月那首“月”字和“夜”字用北京话读来算有韵，南边话便不叫了。广东话更远。念起来总觉不嘴顺。所以拆开都是好句，合诵便觉情味减。这是个人感觉如此，不知对不对？

我虽不敢说无韵的诗绝对不能成立，但终觉其不能移我情。韵固不必拘定什么《佩文斋诗韵》《词林正韵》等，但取用普通话念去合腔便好。句中插韵固然更好，但句末总须有韵。自然非句之末，隔三几句不妨。若句末为语助词，则韵挪上一字。如匪报也，永以为好也。我总盼望新诗在这种形式下发展。

拙作《沁园春》过拍处试如尊论，犯复。俟有兴，当更改之，但已颇觉不易。

又有寄儿曹三词写出呈教。乞赐评。公勿笑其舐犊否？

新诗是否应有韵，自新文化运动中新诗诞生以来，如郭沫若《女神》诗，胡适的白话诗等，便一直争论不休。梁启超与胡适关于诗韵的探讨，怕也难以统一。笔者以为，新诗中最有影响力、得风流者，有韵者为多。如《诗经》诞生到唐宋诗词，乃至元曲，有韵是一贯传统。《尚书·舜典》说：“诗言志，歌永言，声依永，律和声。”律和声，就是要有韵律。

梁启超提倡写新诗要讲究韵，是诗之自身的特性，值得重视。

7月下旬，酷暑难耐，每到此时，梁启超照例到北戴河避暑。在北戴河，他们原本借住章宗祥的别墅。别墅在东山，占地十多亩，建在高坡上，下三十五级阶石才到平地，平地处有一个打球场。别墅门前直临海滨，可住的房子有八间，开间很大，工料坚固，家具也齐备坚实。章宗祥因用钱着急出售，索价一万一千元。梁启超与孩子们商量后，买下此别墅。

此处可以说说梁启超的收入情况。乙丑年，除了支持孩子求学和供应家里生计，梁启超买别墅，支付梁夫人李惠仙“坟园工程”一千二百余元。因为想着自己百年后跟妻子合葬，梁启超买了一大片土地建坟园。即使如此，“家计总算很宽裕，除中原公司外，各种股份利息都还照常。执政府每月八百元夫马费，已送过半年，现在还不断。商务印书馆售书费两节共收到将五千元。从本月起清华每月有四百元。预计除去各种临时支出——如办葬事，修屋顶，及寄美洲千元等——之外，或者尚有敷余”（民国十四年八月三日《给孩子们书》）。

在北戴河的日子，“在此虽然甚闲，却也似甚忙”，梁启超注完了一部《桃花扇》。

> 政治兴味并不减少，只是并没有妨害著述事业。到北戴河以来，顽的时候多，著述成绩很少，却已把一部《桃花扇》注完，很有趣……
>
> 一天，我听见人说离此约十里地方钓鱼最好。我回来说给孩子们听，他们第二天一定就要去。我看见天色不好，有点沉吟，他们却已预备齐全了，牵率老夫只好同去。还没有到目的地，便下起小雨来，只好硬着头皮说“斜风细雨不须归”。哪里知道跟着便是倾盆大雨。七个人在七个驴子上，连着七个驴夫，三七二十一件动物，都变成落汤鸡，回来全身衣服绞出一大桶水。你说好笑不好笑？幸亏桂儿们没有在此，不然一定也着了。我们到底买得两尾鱼，六个大螃蟹，就算凯旋。
>
> （民国十四年八月十六日《与顺儿书》）

早在2月时，吴宓作为清华国学研究院筹备主任，赴天津谒见梁启超，梁表示“极乐意前来”。1914年梁启超就曾在清华做过《君子》演讲，引述了《易经》中“天行健，君子以自强不息；地势坤，君子以厚德载物”来阐述“君子”，并对清华学子提出期望，“清华学子，荟中西之鸿儒，集四方之俊秀，为师为友，相蹉相磨，他年遨游海外，吸收新文明，改良我社会，促进我政治，所谓君子人者，非清华学子，行将焉属”。“自强不息，厚德载物”此后写进了清华校规。

吴宓请梁启超做院长，梁启超谦虚辞让，并举荐王国维（字静安）为首席导师，自己甘居其后。后来，梁启超与陈寅恪、赵元任被并称清华“四大导师”。

为了办好国学院，梁启超早早做好准备。“而研究院事属草创，开学前有种种布置，一到七月非长川住院不可。若在会中挂名不出席，固非我所愿，亦非公所望，而七月后我已无法担任。院事由我提倡，初次成立，我稍松懈，全局立散，我为自己信用计，为良心命令计，断不能舍此就彼，此事实上无可如何，实辜负盛意。”（民国十四年五月八日《致季常先生书》）

9 月 8 日，梁启超从天津饮冰室暂搬到北京清华园，入住北院教员住宅第二号，开启了从事教育、专注学术的新阶段。

9 月 11 日，梁启超就做了《学问独立与清华第二期事业》的演讲并与清华研究院同学谈话，隔天又做了《指导之方针及选择研究题目之商榷》的演讲。

刚到清华任教，梁启超不是很适应。9 月 13 日，梁启超撒娇式地给长女梁思顺写了一封信诉苦：

> 我搬到清华已经五日了。住北院教员住宅第二号。因此次乃自己租房住，不受校中供应，王姑娘又未来，因待送司马懿入学。廷灿又困在广东至今未到，我独自一人住着不便极了。昨天大伤风，连夜不甚睡得着。有点发烧，想洗热水澡也没有，找如意油、甘露茶也没有，颇觉狼狈，今日已渐好了。王姨大约一二日也来了，以后便长住校中，你们来信可直寄此间，不必由天津转了。
>
> 校课甚忙——大半也是我自己找着忙——我很觉忙得有兴会。新编的讲义极繁难，费的脑力真不少。盼望老白鼻快来，每天给我舒散舒散。

其间，还有多所学校想请梁启超担任校长，他一个都没有担任。

此乃研究院初办，百事须计画，又加以他事，故致如此耳。十日半月后当然逐渐清简，汝等不必以我过劳为虑也。

日来许多“校长问题”，纠缠到我身上，亦致忙之一。师大不必论，教职员、学生、教育部三方面合起来打我的主意。北大与教部宣战，教部又欲以我易蔡，东南大学则教部、苏省长、校中教员、学生，此数日内又迭相强迫。北大问题最易摆脱，不过一提便了。现在师大、东大尚未肯放手。我惟以极诚恳之辞坚谢之，然即此亦费我时间不少也。（民国十四年九月二十日《与思顺等书》）

梁启超因上午讲课，下午专注著述，决定闭门谢客。9月30日，《晨报》刊出《梁启超启事——告访客》：

鄙人在清华学校每日上午皆有讲课，城内亲友乞勿以其时见访，致徒劳远涉，不克拱迓。又下午亦忙于著述，见访者如非有特别事故，请以坐谈十五分钟为度。诸乞原谅。

9月28日，梁启超花了一天时间撰写《亡妻李夫人葬毕告墓文》，这一年多来，他一直“哀痛之极，悔恨之极”，此文让他觉得把“一年多蕴积的哀痛，尽情发露”。

顺、成、永、庄：

我昨日用一日之力，做成一篇告墓祭文，把我一年多蕴积的哀痛，尽情发露。顺儿啊，我总觉得你妈妈这个怪病，是我们打那一回架打出来的。我实在哀痛之极，悔恨之极，我怕伤你们的心，始终不忍说，现在忍不住了，说出来也像把自己罪过减轻一点。我经过这几天剧烈的悲悼，以后便刻意将前事排去，决不更伤心，你们放心罢。

祭文本来该焚烧的，我想读一遍，你妈妈已经听见，不如将原稿交你保存。将来可装成手卷。你和庄庄读完后，立刻抄一份寄成、永传观，《晨报》已将稿抄去，如已登出，成、永便得见，不必再抄了。十月三日补写。过些日子我有空还打算另写一份寄思成。葬礼一切都预备完成了。王姨今日晚车返天津，把达达们带来。十五清晨行周忌祭礼，十点钟发引，忠忠一人扶柩，我们都在山上迎接。在山上住一夜，十六日八点钟安葬。（民国十四年九月二十九日《与思顺、思成、思永、思庄书》）

梁启超对此祭文比较满意，说“我的祭文也算我一生好文章之一了。情感之文极难工，非到情感剧烈到沸点时，不能表现他（文章）的生命，但到沸点时又往往不能作文。即如去年初遭丧时，我便一个字也写不出来。这篇祭文，我做了一天，慢慢吟哦改削，又经两天才完成。虽然还有改削的余地，但大体已很好了。其中有几段，音节也极美，你们姊弟和徽音都不妨熟诵，可以增长性情”（民国十四年十月三日《与思顺、思成、思永、思庄书》）。

君舍我去，我何赖焉？我德有阙，君实匡之；我生多难，君扶将之；我有疑事，君榷君商；我有赏心，君写君藏；我有幽忧，君噢使康；我劳于外，君煦使忘：我唱君和，我揄君扬。今我失君，只影彷徨！

……

月兮，月兮，为谁圆？中秋之月兮，照人弃捐！呜呼，中秋月兮，今生今世与汝长弃捐——

年年此夜，碧海青天。呜呼哀哉！有怀不极，急景相催。寒柯辞叶，斜径封苔。龙蛇素旐，胡蝶纸灰。残阳欲没，灵风动哀。百年此别，送君夜台！尘与影兮不可见，羌蜷局兮余马怀。五里一反顾，十里一徘徊。呜呼！人生兮略交芦，因缘散兮何有？爱之核兮不灭，与天地兮长久。“碧云”兮自飞，“玉泉”兮常溜；“卧佛”兮一卧千年，梦里欠伸兮微笑。郁郁兮佳城，融融兮隧道，我虚兮其左，君领兮其右。海枯兮石烂，天荒兮地老，君须我兮山之阿！行将与君兮于此长相守。

是年8月始，至葬礼完成，梁启超给在国外的子女写了十多封长信，事无巨细地将夫人李蕙仙的葬礼说了一遍，由此后人可知建墓、葬礼的诸多细节。

5月，“灵柩瓷灰已上过了，现在就上光漆，大约一月内完功了”（民国十四年五月一日《与顺儿书》）。

8月16日，“今日坟园动工了，我打算就用周忌日下葬。不知工程能赶及否，但稍迟也无妨”（民国十四年八月十六日《与顺儿书》）。

葬期确定在10月3日，“旧历八月十六，即周忌之次日”（民国十四年九月三日《与顺儿书》）。

梁启超的弟弟梁启勋天天在山上监工，非常勤劳，梁启超时时写信告知孩子们要感谢二叔。“葬期距今仅有二十天了。你二叔在山上住了将近一月，以后还须住一月有奇，住在一个小馆子内，菜也吃不得，每天跑三十里路，大烈日里在坟上监工。从明天起搬往香山见心斋住（稍为舒服点），但离坟更远，跑路更多了。这等事本来是成、永们该做的，现在都在远，忠忠又为校课所迫，不能效一点劳，倘若没有这位慈爱的叔叔，真不知如何办得下去。我打算到下葬后，叫忠忠们向二叔磕几头叩谢。你们虽在远，也要各各写一封信，恳切陈谢。”（民国十四年九月十三日《与思顺书》）

9 月 20 日，梁启超亲自赴墓次巡视，见“开圹深至二丈，而土质干燥细软，觉虽生人居此亦甚适，真佳城也”。这是一个双冢合葬墓，梁启超打算百年后开圹与李蕙仙合葬，他写信叮嘱孩子要留心记着。“圹内双冢，你妈妈居右，我居左。双冢中间隔以一墙，墙厚二尺余，即由所谓新灰炼石者制成。墙上通一窗，丁方尺许。今日下葬后，便用浮砖将窗堵塞。二叔说到将来我也到了，便将那窗的砖打开，只用红绸蒙在窗上。”（民国十四年十月三日《与思顺、思成、思永、思庄书》）

墓园建设非常顺利，如有神助，“据包工人说，当初定合同时正愁附近无地觅整块佳石，姑且承应，徐图设法，不料合同签定后即晚大雷，将前山一大石岩震下，材料恰敷我家工程之用，该石工欲拾其余应他工，待用下来则除我家所需者更无余云云，工人谓我家有天助，彼辈做工更不敢不勤慎”。墓园风景也精心设计，“墓顶环一圆圈，满植松柏，墓道两行松柏，与马缨花相间，围墙四周满植枫树，园内分植诸果及杂花，外院种瓜蔬”（民国十四年九月廿一日《与思顺、思成、思永、思庄书》）。

葬前在广惠寺作佛事三日。10 月 2 日，“八点钟行周年祭礼，九点钟行移灵告祭礼，九点二十分发引，从两位舅父及姑丈起，亲友五六十人陪我同送到西便门（步行）。时已十一点十分（沿途有警察照料），我们先返，忠忠、达达扶柩赴墓次。二叔先在山上预备迎迓（二叔已经半月未下山了）。我回清华稍憩，三点半钟带同王姨、懿、宁、礼赴墓次。直至日落时忠等方奉柩抵山。我们在甘露旅馆一宿，思忠守灵，小六、煜生陪他一夜。有警察四人值夜逻巡，还有工人十人告奋勇随同陪守”。虽然葬礼并未通知亲友，但会葬者多达一百五六十人，“各人皆黎明从城里乘汽车远来，汽年把卧佛寺前大路都挤满了。祭席共收四十余桌，送到山上的且有六桌之多，盛情真可感”（民国十四年十月三日《与思顺、思成、思永、思庄书》）。

10 月 3 日晨七点三十五分，移灵入圹，从此李蕙仙音容永绝。

此次“葬事共用去三千余金”，后来又买了两个旧碑石，很便宜，但运费极贵。“葬毕后忽然看见有两个旧碑很便宜，已经把他买下来了。那碑是一种名叫汉白玉的，石高一丈三，阔六尺四，厚一尺六，驼碑的两只石龟长九尺，高六尺。新买总要六千元以上，我们花六百四十元便买来了。初买得来很高兴，及至商量搬运，乃知丫头价钱比小姐阔的多。碑共四件，每件要九十匹骡，才拖得动，拖三日才能拖到，又卸下来及竖起来，都要费莫大工程。”（民国十四年十一月九日《给孩子们书》）所以葬事连买碑总共用了“四千五百余”，用光了梁启超的存钱，梁启勋也垫了钱。

11 月 5 日，中华教育文化基金董事会与北洋政府教育部协商合办的国立京师图书馆成立，馆址在方家胡同。京师图书馆任命梁启超、李四光为正副馆长。梁启超等人很早就呼吁创办国内的新型图书馆。1895 年 5 月，康有为、梁启超在公车上书中建议：“州、县、乡、镇，皆设书藏，以广见闻。”同年 7 月，梁启超与康有为在北京组织强学会，同时筹设强学会书藏。京师图书馆于 1909 年开始筹建。1916 年底梁启超发起创办松坡图书馆，1925 年担任京师图书馆馆长，1926 年还将担任北京图书馆馆长。后来，北京图书馆、松坡图书馆并入国立北平图书馆，是如今国家图书馆的前身。

梁启超上任不久，12 月 20 日就致信副馆长李四光、图书部长袁同礼，谈为图书馆购书的设想："购书事日本方面不可忽略，弟意欲将彼国研究中国史及佛教之书，先行搜罗。最要者为几种专门杂志，最好能自第一号搜起，购一全份……不审两兄有日本熟书坊可委托否？望留意。"

年末传来噩耗，12 月 24 日，林长民因参加反张作霖战争，中流弹身亡，年仅五十。"系中流弹而死，死时当无大痛苦"，"遗骸已被焚烧，无从运回了"，"徽音的娘，除自己悲痛外，最挂念的是徽音要急杀"，梁启超致信梁思成，告知儿子和儿媳不要着急，自己会努力想办法，"目前家境已难支持，此后儿女教育费更不知从何说起。现在唯一的办法，仅有一条路，即国际联盟会长一职，每月可有二千元收入（钱是有法拿到的）"，"徽音学费现在还有多少，还能支持几个月，可立刻告我，我日内当极力设法，筹多少寄来。我现在虽然也很困难，只好对付一天是一天"（民国十五年一月五日《与思成书》）。

一个月后，梁启超致信张国淦，请为林长民募集赈款："宗孟惨变，凡属亲知，莫不失声哀悼。彼身后不名一钱，孀稚满堂，饘粥且无以给，非借赈金稍为接济，势且立濒冻馁。""拟努力为集二万金，但恐不易办到，不得不多为其途。公计当有何处可设法耶？"

在外交界声名显赫的林长民，遇难后家境如此凄苦，让人痛哉。

第十二章

被摘右肾大度处之，身兼三图书馆之长

丙寅（1926），梁启超五十四岁。

一二月间，梁启超患便血病甚剧，入北京德国医院医治，3月转入协和医院，被割右肾。

3月，梁启超任北京图书馆馆长，美国耶鲁大学赠梁启超名誉博士。

七八月，梁启超避暑北戴河，因遇险返天津饮冰室。

秋冬间，梁启超接办司法储才馆。

9月26日，梁启超最后一个孩子出生。

12月，梁启超病体渐痊，忙于讲学、著述、演讲，处理三馆事务。

是年 2 月，梁启超因便血住进了医院。“我从昨天起被关在医院里了。看这神气，三两天内还不能出院，因为医生还没有找出病源来。我精神奕奕，毫无所苦。医生劝令多仰卧，不许用心，真闷杀人……入医院今已第四日了，医生说是膀胱中长一疙瘩，用折光镜从溺道中插入检查，颇痛苦，已照过两次，尚未检出。”（民国十五年二月十八日《给孩子们书》）

梁启超住院期间，时局仍然混乱，军阀混战。直鲁结成联盟，张作霖宣布与段祺瑞一刀两断，兵戎相见。那天，王桂荃送梁思达回天津寓所，下半天就听说京津路又不通了。

医院的检查终归有了结果，膀胱里无病，医生当作血管破裂治疗。因为报纸报道梁启超住在东交民巷的德国医院，每日来探病者络绎不绝。中国医生都说梁启超只须几服药便好，但最终 3 月 7 日梁启超住进了协和医院三〇四号房。

3 月 10 日（阴历正月二十六日），是梁启超五十四岁寿诞，病房里堆满了朋友和孩子们送来的鲜花和贺信。医生给梁启超“灌了一杯蓖麻油”，嘱禁止吃晚饭。他在病床上置一活动木板，权且当书桌，在病床上临帖自娱。

梁启超的弟弟梁启勋后来在《病床日记》中详细记述了梁启超在协和医院治疗的经过：“先入德国医院，由克里大夫检查，结果不能断定病原所在。因改入协和医院，由协和泌尿科诸医检验，谓右肾有黑点，血由右边出，即断定右肾为小便出血之原因。”通过 X 光透视，医生发现他的右肾有一个小黑点，多位专家诊断后，一致认为是肿瘤，且是导致尿血症的病因。3 月 16 日，梁启超接受手术，切除了右肾。

4 月 12 日，梁启超出院回家，术后“小便尚偶尔带红，细验似由走动所致（两次皆因散步稍久），大抵仍是微丝血管破裂，只须不磨擦，便可平复也”（民国十五年四月十九日《给孩子们书》）。

不过，梁启勋发表的《病床日记》惹起了风波。《现代评论》《社会日报》等北京报纸攻击协和医院，甚至引起了中西医之争论。

梁启超私底下说：

总之，这回手术的确可以不必用，好在用了之后身子没有丝毫吃亏，唐天如细细诊视，说和从前一样。只算费几百块钱，挨十来天痛苦，换得个安心也还值得。

现在病虽还没有清楚，但确已好多了，而且一天比一天好，或者是协和的药有效，现在还继续吃。或者是休息的效验，现在还不能十分休息，正在将近毕业，要细阅学生们成绩。半月后到北戴河去，一定更好了。（民国十五年六月五日《与顺儿书》）

但是，梁启超在《晨报》副刊发表了一篇短文，维护协和医院，这非常人所能为。正如清陈恭尹《赠余鸿客》诗中所说：“眼前得丧等烟云，身后是非悬日月。”

3 月，北洋政府无力履行合办契约，中华教育文化基金董事会在北海独立筹建北京图书馆，仍聘请梁启超为馆长。从此，梁启超成为三馆之长。

梁启超出院不久，听说上海东方图书馆计划收购蒋氏密韵楼的藏书，立刻写信给张元济，请求将藏书中的复本转让给北京图书馆：

闻东方图书馆购取孟苹蒋氏密韵楼之藏，神往无已。静生近以中华教育文化基金董事会所创北京图书馆事相付托，用敢专函奉恳，其中倘有复本，而可以见让者，愿为北京图书馆求分一脔，则南北学者，胥渥嘉惠，宁非盛事。敢乞开单见示，不胜企祷之至。东方图书馆书目并乞赐一部，尤愿一窥所藏地志也。（民国十五年四月十四日《致菊生书》）

6月18日，梁启超又致信李四光和袁同礼，谈为京师图书馆购书的琐事：

今日委员会开会，购书费事，结果何如？想无甚异议耶。预算不足之数，请即照弟所拟议，不必迟回，今有一条子交会计科，请交去照办。周君书让价最低限度为五千六百元，其书版本尚精，似尚值得，请守公细审后决定。若决购，能于弟离京前办妥最妙。弟拟二十六日往津。添聘诸员各聘书，希即寄来。夏穗卿先生书目缴上，若此两单及曲本购成后，今年无复余力再购中文书矣。所拟价何如，或酌增亦值也。

7月5日，梁启超再度致信李四光和袁同礼，特别提到日本人对京师图书馆的馆藏虎视眈眈，以及著《公私图书馆小史》之事：

顷闻日人之东方文化会眈眈于方家旧籍，吾馆似不能不乘此时急起直追，两公谓何如？贱恙迄未轻减，近数日颇有增剧之象，不得已拟试服中药矣。

《公私图书馆小史》一文，曾试着笔，因客居资料不足，且体中不适，遂废然中止。

同时，梁启超继续为京师图书馆的经费而奔走。

前有一书，言国立京师图书馆事，想已达。此馆馆长名义至今仍我尸之，然因部中无力履行契约，文化基金董事会所拨经费不能供新旧两馆之需，故方家胡同旧馆，仆事实上并未接收，仍由部中原派主任徐君主持。馆中国宝甚多，仆尸馆长之名，而未举其实，万一有疏虞，责将谁卸？半年以来为兹事寝不安席。且美退庚款态度最为光明，全权付与董事会，一切不加掣肘。董事会自行经营之事业，惟在兹馆，以全权委诸静生与我。今以部中无力践约，致大部分计画不能进行，对信用失坠，而怀抱文化侵略野心之国家，将益有所借口，谓中国人任何事业皆不能独力建设。此于庚款前途影响甚大，不仅仆一人名誉所关而已。（民国十五年八月二十日《与志清、石青足下书》）

七八月间，梁启超曾到北戴河东山别墅疗养，不料在在距车站约十二里之乡村，8 月 14 日“海滨有绑票之警”，游客们全逃走了，梁启超“亦守垂堂之戒”，于早上尽室返回天津饮冰室。

军阀当道，政府只为争权夺利，不顾民生和文化建设。一介书生梁启超，忽然说：“国事局面大变，将来未知所届，我病全好之后，对于政治不能不痛发言论了。”（民国十五年九月四日《给孩子们书》）梁启超多次声明躲进饮冰室专心著述，远离政治。但实际上，他从未离开过政治。一个一生都在为改变国家、民族命运，在政治中博弈、沉浮的人，岂会真的躲在青灯古卷中读书谈禅？

9 月 6 日，梁启超离开饮冰室，7 日抵达清华，8 日应开学礼讲演入城住了五天，13 日返回清华。“王姨奉细婆亦以是日从天津来，我即偕同王姨、阿时、老白鼻同到清华。此后每星期大抵须在城中两日，

余日皆在清华。”（民国十五年九月十四日《给孩子们书》）

在清华不久，王桂荃又给梁启超生下一个儿子，这是梁启超最后一个孩子。他在给孩子们的信中说“足够了”，不想她再生了。

> 昨夜十二时半你们又添一个小弟弟，母子平安。原拟到协和分娩，不意突如其来，昨晚十时我写完前信便去睡，刚要睡着，王姨忽觉震动，欲命车进城，恐来不及，乃找本校医生，幸亏医生在家，是日星期。一切招呼完善，昨日搬家，一切东西略已搬毕，惟睡床未搬，临时把王姨的床搬过来，刚刚赶得上。仅一个多钟头便完事了。你们姊妹弟兄真已不少，我倒很盼他是女孩子，那便姊妹弟兄各五人，现在男党太盛了。这是第十个，十为盈数，足够了。（民国十五年九月二十七日《给孩子们书》）

关于王桂荃（1886—1968）的资料，甚少。据说她出生在四川广元农村，原名王来喜，被转卖了四次，最后来到贵州李家。梁夫人李蕙仙回老家探亲时，将王来喜带回北京，后来带到日本。梁启超为王来喜改名“王桂荃”。不过，梁思达说王桂荃是作为陪嫁使女到梁家的：“王姑娘就是我的生母，我母王桂荃，是四川省广元县人氏，原是李侍郎（端棻）的丫鬟，随我大母李蕙仙作为陪嫁使女到梁家。”（《梁启超研究》第二期《访梁启超四公子梁思达》）

有文章认为，梁夫人李蕙仙为梁启超纳妾，是受了梁氏“夏威夷之恋”的刺激。

1899年底，梁启超随康有为来到美国檀香山，受到侨商的欢迎，一位侨商让自己的女儿，时年二十的何蕙珍给二人当翻译。何蕙珍对梁启超渐生感情，并托人为媒。但当时维新派主张一夫一妻制，梁启超拒绝了何蕙珍。何蕙珍居然表示愿意做妾，梁启超动心了，“生出爱恋之念来，几于不能自持”。他写信告诉夫人李蕙仙。

有友人来谓余曰：“先生将游美洲，而不能西语，殊为不便，亦欲携一翻译同往乎？”余曰：“欲之，然难得妥当人。”友人笑而言曰：“先生若志欲学西语，何不娶一西妇晓华语者，一面学西文，一面当翻译，岂不甚妙？”余曰：“君戏我，安有不相识之西人闺秀而肯与余结婚？且余有妇，君岂未知之乎？”友人曰：“某何人，敢与先生作戏言？先生所言，某悉知之，某今但问先生，譬如有此闺秀，先生何以待之？”余熟思片时，乃大悟，遂谓友人曰：“君所言之人，吾知之，吾甚敬爱之，且特别思之。虽然，吾尝与同志创立一夫一妻世界会，今义不可背，且余今日万里亡人，头颅声价，至值十万，以一身往来险地，随时可死，今有一荆妻，尚且会少离多，不能厮守，何可更累人家好女子。况余今日为国事奔走天下，一言一动，皆为万国人所观瞻，今有此事，旁人岂能谅我？请君为我谢彼女郎，我必以彼敬爱我之心敬爱彼，时时不忘，如是而已。”友人未对，余忽又有所感触，乃又谓之曰：“吾欲替此人执柯可乎？”盖余忽念及孺博也。友人遽曰：“先生既知彼人，余亦不必吞吐其词，彼人目中岂有一男子足当其一盼？彼于数年前已誓不嫁矣。请先生勿再他言。”辞去。

今日距友人来言时五日也。又有一西人请余赴宴，又请蕙珍为翻译，其西人即前日在蕙珍家同宴者。乃蕙珍之师也。余于席上与蕙珍畅谈良久，余不敢道及此事，彼亦不言，却毫无爱恋抑郁之态，但言中国女学不兴为第一病源，并言当如何整顿小学校之法以教练儿童，又言欲造切音新字，自称欲以此两事自任而已。

又劝余入耶稣教，盖彼乃教中人也。其言滔滔汩汩，长篇大段，使几穷于应答。余观其神色，殆自忘为女子也。我亦几忘其为女子也。余此次相会，以妹呼之。余曰："余今有一女儿，若他日有机缘，当使之为贤妹女弟子。"彼亦诺之不辞。彼又谓余曰："闻尊夫人为上海女学堂提调，想才学亦如先生，不知我蕙珍今生有一相见之缘否？先生有家书，请为我问好。"余但称惭愧而已。临别，伊又谓余曰"我数年来，以不解华文为大憾事，时时欲得一通人为师以教我，今既无可望，虽然，现时为小学校教习，非我之志也。我将积数年来束修所入，特往美洲就学于大学堂，学成归国办事。先生他日维新成功后，莫忘我，但有创办女学堂之事，以一电召我，我必来。我之心惟有先生"云云，遂握手珍重而别。

余归寓后，愈益思念蕙珍，由敬重之心，生出爱恋之念来，几于不能自持。明知待人家闺秀，不应起如是念头，然不能制也。酒阑人散，终夕不能成寐，心头小鹿，忽上忽落，自顾生平二十八年，未有如此可笑之事者。今已五更矣，起提笔详记其事，以告我所爱之蕙仙，不知蕙仙闻此将笑我乎？抑恼我乎？（光绪二十六年西五月二十日《与蕙仙书》）

梁夫人李蕙仙是一位才女，充满智慧，回信说准备禀告其父："事已至此，若君真有意，吾当禀报堂上，为你二人主婚。"

梁启超马上清醒过来，立刻回信："得六月十二日复书，为之大惊，此事安可以禀堂上？卿必累我挨骂矣；即不挨骂，亦累老人生气。若未寄禀，请以后勿再提及可也。前信所言不过感彼诚心，余情缱绻，故为卿絮述，以一吐其胸中之结耳。以理以势论之，岂能有此妄想……"

（光绪二十六年五月西六月三十号《与蕙仙书》）此事就此作罢。

1903年，李蕙仙还是做主为梁启超纳了十七岁的王桂荃。1904年，王桂荃为梁启超生下梁思永。王桂荃之前没有受过教育，但头脑清醒，有见地，有才能，到日本不久就学会了日语，凡属家务、对外联络皆由她操办。王桂荃一直负责照料梁启超的饮食起居，甚至能帮梁启超做掩护，深得梁启超的信任。

1915年12月，梁启超从天津赴上海筹划护国运动，“吾身边事无人料理，深觉不便，可即命来喜前来”（民国四年十二月十九日《与娴儿书》）。1916年梁启超准备到香港，致信长女梁思顺，说“王姨暂留旧寓，掩人耳目，意欲令其于本月杪返津，但将来到最后之目的地时，恐又须彼往，盖欲使饮食得极安全，非此不可也”（民国五年三月七日横滨丸舟中《与娴儿书》)。“王姨计已返津，汝等见报知我已入粤时，即当遣王姨来港候我招之。盖到粤后不便久与陆同居。一分居后，非王姨司我饮食不可，彼时之险，犹过于居沪时也。”（民国五年三月十八日自越南帽溪《与娴儿书》）

梁启超还说过王桂荃“是我们家庭极重要的人物”。“王姑娘近来体气大坏（因为你那两个殇弟产后缺保养），我很担心，他也是我们家庭极重要的人物。他很能伺候我，分你们许多责任，你不妨常常写些信给他，令他欢喜。”（民国十二年十一月五日《与宝贝思顺书》）

言归正传。是年9月底，“时局变化极剧”。在9月29日给孩子们的家书中，可以看到北伐军与各地军阀间错综复杂的政治关系，也可以看到梁启超的政治倾向。

百里所处地位极困难，又极重要。他最得力的几个学生都在南边，蒋介石三番四覆拉拢他，而孙传芳又卑礼厚币，要仗他做握鹅毛扇的人。孙、蒋间所以久不决裂，都是由他斡旋。但蒋军侵入江西，逼人太甚，俄国人逼他如此。孙为自卫，不得不决裂。我们的熟人如丁在君、张君劢、刘厚生等，都在孙幕参与密勿，他们都主战，百里亦不能独立异，现在他已经和孙同往前敌去了。老师打学生，非寻常之师弟。岂非笑话？好在唐生智所当的是吴佩孚方面，京汉路上吴已经是问题外的人物。孙军当面接触的是蒋介石。这几天江西的战争，关系真重大。若孙败，以后黄河以南便全是赤俄势力。百里当然跟着毁了。若孙胜蒋败，以后便看百里手腕如何。百里的计画，是要把蒋、唐分开，蒋败后谋孙、唐联和。果能办到此着，便将开一崭新局面。国事大有可为，能成与否，不能不付诸气数了。

秋冬间，梁启超又接到一个"欲谢不能"的职务，接办司法储才馆，为国家培养司法人才，"审洋鬼子"，作为"收回法权的主要预备"（民国十五年九月二十九日《给孩子们书》）。

"比年各省法院逐渐推广，人才一项尤形缺乏，此次法权调查幸告蒇事，各国委员对于我国改良司法，希望甚切，培植人材之举，实属不容再缓，兹就旧章酌加变更，定名为司法储才馆。"（《司法部上设立司法储才馆呈文》，《司法储才馆季刊》页一）

司法部长罗文干（字钧任）依据司法储才馆章程聘任梁启超为司法储才馆馆长。

这件事因为这回法权会议的结果，意外良好，各国代表的共同报告书，已承诺撤回领事裁判权，只等我们分区实行。但我们却有点着急了，不能不加工努力。现在为切实预备计，立刻要办两件事：一是继续修订法律，赶紧颁布；二是培养司法人才，预备“审洋鬼子”。头一件要王亮侍担任。第二件要我担任。名曰司法储才馆。我入京前一礼拜，亮俦和罗钧任几次来信来电话，催我入京。我到京一下车，他们两个便跑来南长街，不由分说，责以大义，要我立刻允诺。这件事关系如此重大，全国人渴望已非一日，我还有什么话可以推辞，当下便答应了。现在只等法权会议签字后，本礼拜签字。便发表开办了。经费呢，每月有万余元，确实收入可以，不必操心。在关税项下每年拨十万元，学费收入约四万元。但创办一学校事情何等烦重，在静养中当然是很不相宜，但机会迫在目前，责任压在肩上，有何法逃避呢？好在我向来办事专在“求好副手”上用工夫，我现在已得着一个人替我全权办理，这个人我提出来，亮俦、钧任们都拍手，谅来你们听见也大拍手。其人为谁？林宰平便是。他是司法部的老司长，法学湛深，才具开展，心思致密，这是人人共知的。他和我的关系，与蒋百里、蹇季常相仿佛，他对于我委托的事，其万分忠实，自无待言。储才馆这件事，他也认为必要的急务，我的身体要静养，又是他所强硬主张的，他屡主张我在清华停职一年。所以我找他出来，他简直无片词可以推托。政府原定章程，是“馆长总揽全馆事务”。我要求增设一副馆长，但宰平不肯居此名，结果改为学长兼教务长，你二叔当总务长兼会计。我用了这两个人，便可以“卧而治之”了。初办时教员、职员之聘任，当然要我筹画，现在亦已大略就绪。教员方面因为经费充足，兼之我平日交情关系，能网罗第一等人才，如王亮俦、刘崧生等皆来担任功课，将来一定声光很好。职员方面，初办时大大小小共用二十人内外，一面为事择人，一面为人择事。（民

国十五年九月十四日《给孩子们书》)

梁启超本来是有计划旅行美洲的，但考虑图书馆和司法储才馆初创，放心不下。他在 10 月 14 日给孩子们的信中说：

美洲我是时时刻刻都想去的，但这一年内能否成行，仍是问题。因为新近兼兜揽着两件事——京师图书馆、重新接收过来。司法储才馆都是创办，虽然有好帮手，不致甚劳，但初期规画仍是我的责任，我若远行，恐怕精神涣散，难有成绩，且等几个月后情形如何再说。

司法储才馆经过筹办，终于顺利招生。12 月 9 日，林志钧致信梁启超报告：

快函敬悉。房屋已开始腾挪，决不至误。报名人数仍不甚多，昨日止不过四五百人。以今日学生程度应稍为认真，考试合格未必能足二百人之额，且看往后报名人数能多否。录取名额最好不必预定，大约百余人总可得，每班有六七十人亦不为少耳。寒假后开学当赶得及，考试竣事后，还有些事刻下即为进行。接着即可筹备一切也。

梁启超三馆之长和司法储才馆馆长在身，更加忙碌了，甚至没空给最后一个孩子“小无名氏”取名字。

我近来真忙，本礼拜天天有讲演。城里的学生因学校开不了课，组织学术讲演会，免不了常去讲演。又著述之兴不可遏，已经动手执笔了。半月来已破戒，亲自动笔。还有司法储才馆和国立图书馆都正在开办，越发忙得要命。最可喜者，旧病并未再发，有时睡眠不足，小便偶然带一点黄或粉红，只须酣睡一次，就立刻恢复了。因为忙，有好多天没有给你们信，只怕十天八天内还不得空。你这信看完后立刻转给姊姊他们，免得姊姊又因为不得信挂心。（民国十五年十二月十日《给思永书》）

11 月 8 日，蔡锷十周年忌日，梁启超率松坡图书馆同人公祭。祭文由“湘潭袁伯夔思亮所撰，启超点定数语且书之，祀事既竣，即装潢存馆中作纪念”并于北京《晨报》登载。为了纪念蔡锷，梁启超还写有《邵阳蔡公略传》《蔡松坡遗事》等。

松坡图书馆是私立图书馆，没有稳定收入，自落成后经费一直拮据，梁启超一直鬻字筹集经费。他白天要演讲、上课，“晚上还替松坡图书馆卖字”（民国十五年十月十九日《给孩子们书》）以筹措图书馆的经费。

时局动荡，梁启超所任馆长的三家图书馆，经费均不稳定，这从他是年书信可见端倪。

北京图书馆的经费极有限，甚至需要他向银行筹垫，辛苦支撑：

示敬悉。图书馆事，恐未能罗致我公，此馆诚为美庚款所办，但款极有限，开办费仅一百万元，建筑及购书在内，现所划建筑费仅六十五万，实不成门面，余三十五万供购书费。无法敷分配，每月经常费则仅三千耳。薪水馆长三百，副馆长二百五十，图书部主任二百，以下无超过一百者。新近报纸所载，乃将教育部旧馆移交前来，即四库全书所在。留旧馆员办事月需千余，则由我向银行

筹垫耳。此局将来可发展，现时即辛苦支持而已。（民国十五年十月十五日《与东荪足下书》）

京师图书馆招待暹罗贵族的费用，由梁启超垫付：

今日晤陈寅恪，言及有一暹罗贵族来游历，可与酬应，便索彼国所印之巴利文四阿含佛藏，且言此事已与守兄谭及云云。弟意暹人来游，我国人士本不容绝对冷视，况更有所求耶？拟由馆中招待一午餐或晚餐，在北京饭店。并陪往参观各遗物，请守兄调查其到京期，即发请帖何如。所费即请饬馆中会计先支付，在弟薪水项下扣还为盼。（民国十五年十一月十四日《与仲揆、守和两兄书》）

京师图书馆经费极难维持，梁启超计划与法国、日本、美国重修《四库全书》以获得收入：

示及请柬奉悉，明晚届时准到，弟并欲邀请斯永高一次，不知彼尚有时候否？请为我代约。别有一事欲与兄商者，前法国、日本皆曾有缮写《四库全书》之议，装订乃至印章悉照原料。现亦在交涉中，不审美国国会图书馆亦欲此否？现重印之议，度必无成，缮一部约美金三十万便得，在美人或乐为此也。数日前曾与志骞谭及，志兄谓最好俟斯永高来时与商。弟所以筹及此事者，因方家胡同馆费极难维持，现在实以一分六厘之重息向银行借垫，得此或稍可弥补耳。此意想公能深会，公晤斯氏，先探其意向何如，余俟面谭。（民国十五年十一月

二十六日《与守和兄足下书》)

因此，梁启超打算联合多家图书馆，“东方文化会、中华文化基金会、国立京师图书馆三方合作”，成立一个“规模较大之馆”：

翊云吾兄足下：

一昨北海匆匆晤言，未罄所怀为歉。

公此次东渡，对于东方文化会事业，当决定具体进行办法，想一切规画早有成竹耶。就中图书馆一项，采何方针，亟欲闻之。教育部直辖之方家胡同图书馆，顷已由弟完全接收，改为独立机关，定名国立京师图书馆。现在与中华文化基金会所设之北京图书馆仍暂取分立形式。弟以一人而兼两馆馆长，俟新建筑成立后再行合并。将来合并时，再与文化基金会重新缔约。其此方缔约之主体，或为教育部，或为国立图书馆长，现尚未大定，大约以图书馆长直接当其行为多也。去年双方初缔约时，本设有一“国立京师图书馆委员会”，委员九人，教部与基金会各出代表三人，双方合推三人。其后契约中止，委员会亦同时停止职权。现在则惟有“北京图书馆”，即北海之新馆。有委员会委员五人：一静生，二张伯苓，三周寄梅，四戴志骞，五任叔永。将来再合并时则恢复旧委员会，此间馆事经过及现行之大略情形也。

东方文化会设图书馆于北京，为原定计画之一，自当赓续进行。惟文化基金会既有此举，重规叠矩，于义无取。且除方家胡同旧馆有大批贵重图书外，若另造一馆，欲得此规模，实为不可能之事。即觅地亦大不易，现在养蜂夹道之地七十亩，亦几经曲折乃得之。鄙见以为最好是东方文化会、中华文化基金会、国立京师图书馆三方合作，成一规模较大之馆，岂非快事！此间唯一之条件，则国立京师图书馆之名称，万不能改易，其他皆可商量。

公于此次开会时，可否将此种经过情形提出讨论？若能有合作余地，所深望也。惟须先声明者，此全属弟个人意见，可以代表国立图书馆方面。尚未与文化基金会商定，欲俟东方文化会有所表示时，再与彼方商，或无甚差池也。如何之处，统候尊裁。（民国十五年十一月十一日《致翊云吾兄书》）

岁尾，梁启超接受美国耶鲁大学所赠博士学位，但他对时局也感到迷惘。“时局变迁非常剧烈，百里联络孙、唐、蒋的计画全归失败，北洋军阀确已到末日了。将此麻木不仁的状态打破，总是好的，但将来起的变症如何，现在真不敢说了。”（民国十五年十二月二十日《给孩子们书》）

第十三章

努力办司法储才馆，编《中国图书大辞典》

丁卯（1927），梁启超五十五岁。

1月17日，司法储才馆开馆。

2月，工人阶级在中国共产党的领导下登上政治舞台。

2月始，梁启超在清华续讲“中国历史研究法补编”及“儒家哲学”，于燕京大学讲“古书真伪及其年代”。

时局变动，梁启超有避隐完成《中国通史》的打算。

3月初，梁思同患肺炎不治而卒。

3月31日，康有为逝世。

4月，李大钊在北京被奉系军阀秘密杀害。4月12日，蒋介石在上海发动反革命政变。

6月，王国维投昆明湖。

7月，梁思永归国。

8月起，梁启超开始主持编纂《中国图书大辞典》，因身体决定下半年静心休养。

12月，梁启超为长子梁思成和林徽因订婚。

新年伊始，梁启超难得忙里偷闲，“今天总算我最近两个月来最清闲的日子，正在一个人坐在书房里拿着一部杜诗来吟哦”。接下来，他就要忙死了：司法储才馆开馆，清华功课有增无减，在燕京大学担任有钟点。他自己说，“真没有一刻空闲”。

因为身体恢复了，梁启超立刻投入工作。上个月为北京学术讲演会做了四次公开讲演，讲坛在旧众议院。每次梁启超的演讲，会场都是满座，数九寒冬，室内无炉火，但听众踊跃参加。梁启超一讲就是两三个小时，全场肃静无声。

这段时间，梁启超对时局有清醒的判断：

> 时局变迁极可忧，北军阀末日已到，不成问题了。北京政府命运谁也不敢作半年的保险，但一党专制的局面谁也不能往光明上看。（民国十六年一月二日《给孩子们书》）

1月11日，余绍宋致信梁启超，报告司法储才馆筹备开馆的情况：“弟已于日昨来馆视事，诸务渐次就绪，工程限十六日完竣，定十七日行开馆礼，十八日甄录英文，二十四日开课，通告业已发出。教员方面商量课目大体亦已妥洽，诸请释怀。”（民国十六年一月十一日余绍宋《致任公先生书》）

1月17日，司法储才馆举行开馆仪式，“先期除函知导师教员全体暨学员外，并柬请司法部罗钧任总长、孔希白次长、各参事司长、大理院余戟门院长、各庭长、总检察厅汪鹿园、总检察长、张逖省首席检察官、京师高等审判厅沈季让、吴子昂两厅长、京师地方审检厅邵竹琴、祁劲庵两厅长来馆参观，北京律师公会亦派员到馆，学员到一百四十五人。午后二时齐礼堂。礼毕，先由馆长致开馆辞，继由学长报告设馆经过及办法，司法罗总长、导师教员代表、王总裁先后致训辞，来宾江总裁演说”(《司法储才馆开馆仪式纪事》,《司法储才馆季刊》第一期页七)。

梁启超在仪式上的致辞，言明司法储才馆的使命：“收回法权为目前最要之事，虑无不知之者。既欲收回，则须预备。虽前清以来，颇有筹备，惟中经时局变迁，时作时辍，应再更进一步，以期促成，本馆之设正为此故。”

司法储才馆开学后，梁启超又要每星期六下午讲授“人生哲学”一课，更加忙了，但他兴致勃勃。梁启超在1月26日给孩子们的信中说：

> 司法储才馆已经开学了，余樾园任学长，等于副馆长，本来是林宰平，宰平谓治事之才彼不如樾园，故让之。学生二百二十余人，青年居多，尚可造就，但英文程度太低，而本馆为收回法权预备起见，特注重此点。现在经甄别后特设英文专班，能及格者恐不满五十人，此为令我最失望之一端。我自己每星期六下午担任一堂功课，题目为“人生哲学”，此外每星期五、六两日，各有两点钟为接见学生时期……
>
> 现在清华每日工作不轻，又加以燕大，再添上这两件事，真够忙了。但我兴致勃勃，不觉其劳。
>
> 通例上年纪的人，睡眠较少，我却是相反，现在每日总要酣睡八个钟头，睡足了便精神焕发。思成说对于我的体子有绝对信仰，我想这种信仰是不会打破的。

3月，梁启超最后一个孩子“小无名氏”“小白鼻”，有了名字叫小同同，不幸患了流行肺炎，在协和住了六天院，不治而卒。但梁启超的心境似乎没有受到影响，“现在讲学正讲得起劲哩，每星期有五天讲演，其余办的事，也兴会淋漓，我总是抱着‘有一天做一天’的主义（不是‘得过且过’，却是‘得做且做’。），所以一样的活泼、愉快”（民国十六年三月九日《给孩子们书》）。

但是，“北京正是满地火药”，梁启超心里其实有避隐饮冰室，完成《中国通史》的打算。“再看一两星期怎么样，若风声加紧，我便先回天津；若天津秩序不乱，我也许可以安居，便屏弃百事，专用一两年工夫，做那《中国史》；若并此不能，那时再想方法。”（民国十六年三月二十一日《给孩子们书》）

早在 1902 年，梁启超就有了撰写《中国通史》的计划：“顾自审我之才力，及我今日之地位，舍此更无术可以尽国民责任于万一。兹事虽小，亦安得已。一年以来，颇竭绵薄，欲草一《中国通史》以助爱国思想之发达，然荏苒日月，至今犹未能成十之二。”（《三十自述》）

1918 年，梁启超潜心著述，但因病暂停。之后旅欧一年，梁启超开始致力于教育事业，《中国通史》的写作就此中断。

梁启超一直记挂着《中国通史》的写作，“思永说我的《中国史》诚然是我对于国人该下一笔大账，我若不把他做成，真是对国民不住，对自己不住。也许最近期间内，因为我在北京不能安居，逼着埋头三两年，专做这种事业，亦未可知，我是无可无不可，随便环境怎么样，都有我的事情做，都可以助长足我的兴会和努力的”（民国十六年三月十日《给孩子们书》）。

3 月 8 日（阴历二月初五），是康有为的七十寿辰，虽然康、梁早已决裂，但梁启超守弟子之礼，亲撰《南海先生七十寿言》一篇，又集成一副寿联，托人带到上海，寿联将老师比作“先圣”孔子：

述先圣之玄意，整百家之不齐，入此岁来已七十矣；

奉觞豆于国叟，致欢忻于春酒，亲授业者盖三千焉。

结果不到一个月，3 月 31 日，康有为突然在青岛逝世，梁启超十分伤感。可怜康有为生前风光，身后萧条，“最糟的是他一位女婿（三姑爷），南海生时已经种种捣鬼，连偷带骗，南海现在负债六七万，至少有一半算是欠他的”。梁启超立即电汇数百元为其师成殓。

南海先生忽然在青岛死去，前日我们在京为位而哭，好生伤感。我的祭文，谅来已在《晨报》上见着了。他身后萧条得万分可怜，我得着电报，赶紧电汇几百块钱去，才能草草成殓哩。我打算替希哲送奠敬百元。你们虽穷，但借贷典当，还有法可想。希哲受南海先生提携之恩最早，总应该尽一点心，谅来你们一定同意。（民国十六年四月十九日《给孩子们书》）

4 月 17 日，康门弟子在北京先哲祠为康有为设灵公祭，梁启超写下祭文《公祭康南海先生文》并挽联一副：

祝宗祈死，老眼久枯，翻幸生也有涯，幸免睹全国陆沉鱼烂之惨；

西狩获麟，微言遽绝，正恐天之将丧，不仅动吾党山颓木坏之悲。

《公祭康南海先生文》情真意切，十分动人，对康有为进行了高度评价：“吾师视中国如命，而今也国则不纲；吾师以孔子之道为己任，而今也道则沦胥以亡。师吞泪泣血，摧肝断肠。”

不过，梁启超在祭文中婉转提到了“丁巳复辟”是师生二人分道扬镳的原因：“复辟之役，世多以此为师诟病，虽我小子，亦不敢曲从而漫应。”

梁启超宣读祭文之后，洒酒于地，呼曰：“吾师走好！”梁启超仰天长啸，泪流满面。其古道照人，正气犹存。

初夏，梁启超偕清华研究院学生作北海之游。暑期之前，梁启超一般会约同学诸君作北海之游，俯仰咏啸于快雪浴兰之堂，亦往往邀名师讲学其间。这次诸贤不能来，梁启超就发表了一篇谈话，劝勉教导学生修养道德和知识，归纳起来就是两点：“（一）是做人的方法——在社会上造成一种不逐时流的新人。（二）做学问的方法——在学术界上造成一种适应新潮的国学。”他勉励学生要“做人做学问——而努力向前干下去呀”。

暑期到了，6 月 2 日，清华研究院四大导师之一王国维，含恨自尽。时梁启超已离开清华，准备回饮冰室，但得到王国维自杀的噩耗，又复奔回清华，“料理他的后事及研究院未完的首尾，直至初八才返到津寓”（民国十六年六月十五日《给孩子们书》）。

关于王国维自杀的动机，众说纷纭，梁启超说：“如他遗嘱上所说：‘五十之年，只欠一死，遭此世变，义无再辱。’他平日对于时局的悲观，本极深刻……此公治学方法，极新极密，今年仅五十一岁，若再延寿十年，为中国学界发明，当不可限量。今竟为恶社会所杀，海内外识与不识莫不痛悼。”（民国十六年六月十五日《给孩子们书》）

梁启超在纪念王国维的文章中说：“先生之自杀也，时论纷纷非一。启超以为先生盖情感最丰富而情操最严正之人也，于何见之？于其所为诗词及诸文学批评中见之，于其所以处朋友师弟间见之。充不屑不洁之量，不愿与虚伪恶浊之流同立于此世，一死焉而清刚之气乃永在天壤。”

梁启超与王国维都在清华任教，彼此相知，有厚谊。近代后期的文学理论流派有三，梁启超与王国维占二。其一，以梁启超为代表的文学界革命论，主要包括以“新民救国”为中心的文学功利观，以进化论为基础的发展观，以思想自由为原则的创作论及取法欧美的变革论。其二，以王国维为代表，引进西方美学，融汇中国传统文论与西方理论而自构体系，奠定了现代纯文学批评的基础。其三，以章太炎为代表的国粹主义文学论，祭出“爱国保种”和“国民主义”大旗，主张“文学复古”，恢复汉文学的传统和地位。

时亲友劝梁启超再次避难于日本，但他说：“极不欲往，因国势如此，见外人极难为情也。”再说，天津外兵云集，秩序无虞。他派人往询意领事，据言意界必可与他界同一安全。不过，为防暴徒暗算，他“实行‘闭门’二字，镇日将外园铁门关锁，除少数亲友外，不接一杂宾，亦不出门一步”（民国十六年六月十五日《给孩子们书》）。

大门上了锁，梁启超的思维却活跃非常，对时局多有议论。如前所说，受自身思想局限，他的一些议论是不得当的，比如他对孙中山的评价：“民国十二三年间，国民党已经到日落西山的境遇，孙文东和这个军阀勾结，西和那个军阀勾结——如段祺瑞、张作霖等——依然是不能发展。”（民国十六年五月五日《给孩子们书》）

这些话，只是梁启超的夫子自道。有时智者也会说些大话，不足信的。但他认为“北京局面现在当可苟安，但隐忧四伏，最多也不过保持年把命运罢了。将来破绽的导火线，发自何方，现在尚看不出。大概内边是金融最危险，外边是蒙古边境最危险”，算是清醒之论。

梁启超旧病未愈，王国维之死更让他大受刺激。“研究院学生皆痛哭失声，我之受刺激更不待言”，“我一个月来旧病发得颇利害，约摸四十余天没有停止。原因在学校暑期前批阅学生成绩太劳，王静安事变又未免大受刺激”（民国十六年六月十五日《给孩子们书》）。这时他已经有辞脱各种职务的打算了。

在天津饮冰室，天气热得很，梁启超每天在大客厅铺一张藤床，看书睡觉，真是“饱食终日，无所用心”，病感觉也好了。梁启超觉得如果休养可以让病痊愈，那么他愿意“牺牲半年或大半年的工作”。他将北京图书馆委托爱徒范静生代理。

> 我现在对于北京各事尽行辞却，因为既立意不到京，决不肯拿干薪，受人指摘，自己良心更加不安。北京图书馆不准我辞，我力请的结果，已准请假，派静生代理。薪水当然归静生，我决不受。储才馆现尚未摆脱，但尽一月内非摆脱不可，清华也还摆脱不了，或者改用函授，亦勉强不辞。独有国立京师图书馆，因前有垫款关系，此次美庚款委员会以我在馆长职为条件，乃肯接济，故暂且不辞。几件事里头，以储才馆最为痛心。我费半年精神下去，成绩真不坏，若容我将此班办到卒业，必能为司法界立一很好的基础，现在只算白费心力了。（民国十六年七月三日《与顺儿书》）

北京图书馆已准梁启超请假，但梁启超还有一件“未了的事业”。此前他已有一个宏伟的写作计划：“现在我要做的事，在编两部书：一是《中国图书大辞典》，预备一年成功；二是《中国图书索引》，预备五年成功。两书成后，读中国书真大大方便了。关于编这两部书，我要放许多心血在里头才能成，尤其是头一年训练出能编纂的人才，非我亲自出马不可。”（民国十六年一月二十六日《给孩子们的书》）

7月，梁启超编纂《中国图书大辞典》的提案已被中华教育文化基金董事会通过，给予津贴，梁启超计划于8月起主持编纂《中国图书大辞典》，一年半后编成全书缴呈。

编纂《中国图书大辞典》，工程浩大，所需专家众多。梁启超友朋数人热心参与。8月8日，梁启超致信北京图书馆，提交了编纂《中国图书大辞典》的预算及报酬、著作权等事：

北京图书馆公鉴：

敬启者，鄙人编纂图书大辞典事，前承示所拟办法四条，经已具答在案，今谨将预算别纸开呈。此预算不过略举大概，其他办法随时变通，未能纤悉列入。例如关于专门书籍，或须于编辑员之外，随时委托专家，赠以相当报酬；又如编辑员或须另赁寓所，供给其食宿费；又如海内外各大藏家，或须专派人往钞其目录。诸如此类支出项目，颇难逐细胪举。总之教育文化基金董事会既信任鄙人，则鄙人自当负全责，两年之内，最少亦将现存书之全部分及重要各表编成，俾此举得告一段落。其已佚之部，若两年内能一律蒇事，固甚善，否则当更展期赓续，务底完成。至于经费支付之项目分配，苦难每月画一，拟请贵馆通知该会。如来书所拟领款办法，每月交付鄙人四百元，当即签署收条，俾贵馆得据以报告。至于全部决算，拟于两年之末再行总结详报。如何之处，敬乞示复遵行。

再者，鄙人编辑此书，本因同学中有数人热心整理国故，为兴味及义务心所驱，相约为共同工作。预算中所列编辑员薪金至为微薄，实不足以言正当之报酬。将来成书印行时，贵馆若与书局订立版权，共有契约，拟请将著作权方面所分得之利益，提出一半分给编辑员，以偿其劳，于情事似为公允。

如何之处，并请示复为盼。专此，即请

公安。

8 月 31 日，中国图书大辞典编纂处致信北京图书馆，报告这两个月在编纂《饮冰室藏书目录》。因为梁启超“家藏书籍，宋元善本书虽少，而普通书至十余万卷之多”，对于编纂图书辞典工作有五项帮助：“（一）训练分类方法。（二）训练版本知识。（三）实验原书，可以免去误会，于将来图书辞典编辑上，可以减去多数危险。（四）编辑成书，可以为将来图书辞典之雏形，对于手续上经验上有很大之准备。（五）编辑成书，可于将来正式编辑辞典时予以参考之便利。”

编纂《中国图书大辞典》是梁启超生前最后从事的一项大工程。项目开始之后，梁启超做得“津津有味”，多次向图书馆汇报工作。次年梁启超旧病复发，《中国图书大辞典》终未能完成，如今只余若干残稿。

此处谈谈饮冰室的藏书。中国文人多喜读书、存书，故有四大藏书楼，曰北京文渊阁、沈阳文溯阁、承德文津阁、杭州文澜阁。另有宁波天一阁等。这些藏书楼让中国传统文化遗产得以保存、流传。

梁启超出生于乡间，家中只有《论语》《孟子》等古代经典。求学、做学问日久，作为学者、政治家、教育家，须涉猎百科，梁启超的藏书逐渐丰盈起来。到饮冰室建成时，其藏书已经十分可观。饮冰室书斋那些高达房顶的一排排装满书的书柜，让人叹为观止。

1930 年 2 月 24 日，梁思成、梁思永、梁思忠遵梁启超口头遗嘱，委托天津律师黄宗法致函国立北平图书馆，声明梁启超图书“永远寄存，以供众览”。这批图书共二千八百三十一种，约四万一千四百七十四册；新书一百零九种一百四十五册，日文书四百三十三册，石刻碑帖五百余种一千四百多件。还有一批墨迹、未刊稿及私人信札。中华人民共和国成立之后，梁启超的全部手稿存放在西单手帕胡同甲三十三号梁宅，时国家图书馆筹建手稿专藏文库，梁氏家属慨然捐赠全部手稿三百九十三种计八千二百六十六页。

作家、学者将手稿寄存于公共图书馆或博物馆，供大众阅览，在欧洲早已流行，而梁启超的捐赠开启了中国作家将藏书、手稿捐赠公共图书馆的先河。

也是这个夏天，梁思永听从父亲的建议，中断学业回国一年。梁思永 1923 年在清华学校留美预备班毕业，赴美国哈佛大学研究院攻读考古学和人类学，是留学生中选现代考古学作为专业第一人。获得学士学位后，梁思永转入哈佛大学研究院主攻东亚考古。

1926 年冬，李济、袁复礼主持了山西夏县西阴村的田野挖掘，这是中国学者第一次主持科学考古。梁启超非常支持这次考古，希望梁思永能去实习,从中受益。梁启超于 1926 年 12 月 10 日致信梁思永:“得十一月七日信，喜欢之极。李济之现在山西（非陕西）乡下，正采掘得兴高采烈，我已立刻写信给他，告诉以你的志愿及条件，大约十日内外可有回信。我想他们没有不愿意的，只要能派你实在职务，得有实习机会，盘费食、住费等等都算不了什么大问题，家里景况，对于这点点钱还担任得起也。”

李济、袁复礼由山西回到回京，“采掘大有所获，捆载了七十五箱东西回来，不久便在清华考古室陈列起来”（民国十六年一月二日《给孩子们书》)。1927 年 1 月 10 日，李济、袁复礼回京，清华国学院专门举行茶话会庆祝。清华大学教务长梅贻琦、“四大导师”和全院师生都参加了茶话会。李济做了长篇的报告演说。

茶话会散会已是晚上十一时。但梁启超极高兴，点洋蜡给梁思永写完信才去睡觉。他在信中说："他们演说里头还带着讲'他们两个人都是半路出家的考古学者，济之是学人类学的。真正专门研究考古学的人还在美国——梁先生之公子'。我听了替你高兴又替你惶恐，你将来如何才能当得起'中国第一位考古专门学者'这个名誉，总要非常努力才好。"

梁思永回国一年内，梁启超积极为他创造学习机会。7月30日，梁启超致信陈汉第（字仲恕），请他帮忙介绍梁思永博观古器实物，还请他介绍鉴瓷名家郭宝昌指点梁思永：

仲恕老弟：

连日毒热，何以自遣，尚能亲笔砚耶！小儿思永新自美归，谨奉谒报公子消息。渠所治为考古学，非博观实物，不能为功。归国一年，拟并力从事于此。玉器、瓷器、铜器三项，尤所最欲研究，敬乞我公详加指导，俾勿迷所趋。闻郭君宝昌为鉴瓷名家，不审公与有交否？若能介绍请益，尤所企盼。其余各专家有可受教者，请公更为博思介见。公视小儿辈如子弟，想不有吝也。手此

敬候。

后来，1928年8月，梁思永再次赴美深造，于1930年学成毕业。

秋季开学，梁启超在清华园住了些时日，"将本年应做的事，大约定出规模，便到医院去"。10月，晋、奉全面开战，"京中人又纷纷搬家了"，梁启超在协和住了十二天，又回到天津饮冰室休养，每天十分注意起居饮食。病好后梁启超又想回清华，思永"说了一大车唠叨话"

阻止他，他的著述之兴也暂行按住，安心休养。

11月23日，梁启超致信长女梁思顺，谈及因自己引起的清华风潮。

王国维投湖，梁启超染病，梅贻琦多次与校长曹云祥商议增聘名师，未果。时北伐战火未停，清华一直有裁并国学研究院的声音。留美预备部高二、高三年级学生谋求提前出洋，以梅贻琦为首的教授公开反对，清华风潮爆发。外交部批令不送旧制生出洋。8月15日召开全校教授会议，众教授指责曹云祥，会议通过决议案，"重要事件，必经评议会正式决议后，按照执行"。新学期开学，曹云祥为旧制生说情，免收学费。同时，外交部改组清华董事会，清华风潮再起。新改组的董事会，梁启超当选董事且名列第一。梁启超提出以不任校长为条件出任董事，但曹云祥仍然"怕我抢他的位子，便暗中运动教职员反对"，逼梁启超自动请辞清华国学研究院教授职务。"学生全体跑到天津求我万勿辞职（并勿辞董事），恰好那时老曹的信正到来，我只好顺学生公意，声明绝不自动辞教授，但董事辞函却已发出，学生们又跑去外交部请求，勿许我辞。"后来曹云祥被免职，清华风潮才告一段落。

这一年岁尾，梁启超忙着为长子梁思成的婚事操心。梁思成和林徽因的长辈亲人都在国内，所以双方订婚、行文定礼等一切细节按传统方式置办。在饮冰室中的梁启超，两次致信在北京的卓定谋（字君庸，林徽因三姑父），请他与在福建的林氏族人商谈林徽因与梁思成的文定礼。

11月25日的信件内容如下：

君庸吾兄足下：

两次承惠赠章草诀歌，遂大动习稿之兴。虽不能有进，然良友佳赐，权之终身矣。小儿□徽音行聘礼事，承公已函闽中林家接洽，至感。弟因近在津养病，是以京行稍缓，顷渐就痊，大约半月后当入京，届时当涓吉先奉闻也。鄙意用旧式红绿庚帖各一份，合写男女籍贯。生年月日时及三代，父母。想徽音生日或其诸姑当能记忆耶。交聘以一玉器为主，外更用一小金如意配之，两家所用可同一样。公谓何如？大媒此间拟请宰平，林家请何人，公当能代定。双方庚帖，今求宰平缮书何如？琐琐奉商，公亦有乐于是。良晤匪遥，不复一一。手此专请

大安不庄。

12 月 4 日的信件内容如下：

君庸吾兄足下：

昨谭快甚。顷得仲恕书，玉珮已购妥，若印未购，可作罢，如亦已购得，即亦无妨，多一聘物，亦大佳耳。如何幸见示。思成生年月日及三代别纸写上，敬恳吾兄惠书，俾沾多福。本当全柬奉请令省缛礼，惟冀垂许，庚帖并请代购，俾得与林府所备者一律，夙承厚爱，想不以为慢也。林府各事，最迟当以何日可具备，并乞示知，俾涓期相请也。手此敬请

大安不庄。

前所言拟各用小金如意一件，若林府同意，则请公并代我定制以归画一。其大小约寸许可耳。若定制费时，则省之亦可，如何，乞并示。

12 月 12 日，梁启超给孩子们写信，告知梁思成订婚的细节：

这几天家里忙着为思成行文定礼，已定本月十八日阳历。在京寓举行。日子是王姨托人择定的。我们虽不迷信，姑且领受他一片好意。因婚礼十有八九是在美举行，所以此次文定礼特别庄严慎重些。晨起谒祖告聘，男女两家皆用全帖遍拜长亲，午间宴大宾，晚间家族欢宴。我本拟是日入京，但（一）因京中近日风潮正恶，（二）因养病正见效，入京数日，起居饮食不能如往，恐或再发旧病，故二叔及王姨皆极力主张我勿往，一切由二叔代为执行，也是一样的。今将告庙文写寄，可由思成保藏之作纪念。

聘物我家用玉珮两方，一红一绿，林家初时拟用一玉印，后闻我家用双珮，他家也用双印，但因刻玉好手难得，故暂且不刻，完其太璞。礼毕拟将两家聘物汇寄坎京，备结婚时佩带，惟物品太贵重，深恐失落，届时当与邮局及海关交涉，看能否确实担保，若不能，则仍留两家家长处，俟婚后归来，乃授与宝存。

12 月 13 日，梁启超给长女梁思顺写信，谈及要动用投资所得，支持梁思成、林徽因婚礼及游欧费所需：

思成、徽音婚礼及游欧费所需，只好请希哲努力变把戏变些出来，若利息所入不敷，即动些资本，亦无不可，有三千华币给徽音，合以思成在学校所领，或亦已勉强够用罢，我知道他们是不会乱花钱的，你斟酌着不可令他们太刻苦便是。

梁启超的考虑涉及方方面面，非常周全。他计划待梁思成夫妇归国，让梁思成来设计，他们家再造一所理想的房子。

我现在有一个小计画，只要天津租界还可以安居大约可以。时，等思成回来，立刻把房子翻盖，重新造一所称心合意的房子，为我读书娱老之用。将新房子卖出，大约可值四万五乃至五万，日内拟便托仪品公司代卖，卖去时将来全部作为翻盖新房用，先将该款寄坎，托希哲经营，若能多得些赢利更好。总而言之，这部份款项全交思成支配，专充此项之用。思成，你先留心打个腹稿，回来便试验你的新学问吧！（民国十六年十二月五日《给孩子们书》）

我日来颇想移家大连，将天津新旧房全部售去，在大连叫思成造一所理想的养老房子。那边尚有生意可做，我想希哲回来后，恐怕除了在大连开一个生意局面外，别的路没有可走，但这是一年后的话。（民国十六年十二月廿四日《与顺儿书》）

是年年底，还有一事让梁启超十分伤怀，就是他的得意门生范静生去世，得知消息，梁启超旧病复发，小便堵塞二十九小时。“半年来我把图书馆事脱卸交给他，也是我对不住他的地方。他死了，图书馆问题又回到我身上，但我无论如何，只好摔下。别的且不说，那馆在北海琼华岛上，每日到馆要上九十三级石梯，就这一点我已断断乎受不住了。”（民国十六年十二月二十四日《与顺儿书》）

第十四章

染病辞脱清华教职，《辛稼轩年谱》成绝笔

戊辰（1928），梁启超五十六岁。

一二月间，梁启超入协和医院检查身体，以灌血法医治。

3 月，梁思成与林徽因在加拿大举行婚礼。

6 月，梁启超辞脱清华国学研究院所有工作。

七八月间，梁思成、林徽因夫妇归国，梁思永再度赴美留学。

9 月，梁启超开始作《辛稼轩年谱》，稿未成，因痔疾发而成绝笔。

1月，梁启超感觉病情转重，入协和医院医治。给孩子们的信，梁启超都是让梁思永代笔，“我这封信叫思永写的，你们不要奇怪，为什么我自己不写，因为才从医院出来，要拿笔怕你们干涉，所以口讲叫思永写。又因为我就想著一本小书，口述叫思永写，现在练习试试”（民国十七年一月二十二日《给孩子们书》）。

医生告知梁启超，工作可以做，但是不要劳累，所以梁启超决定将清华的所有教职都辞脱。

为了补血，梁启超隔天吃一顿鸡，每天吃鸡汤挂面，经常吃豆类，茶和咖啡也不禁了，但尿中仍然有血，这让他忧虑。

一二月间，梁启超除了住院治疗，就是在家静养，不甘心地过着“老太爷的生活”。但梁启超是闲不住的，偶尔“著述兴味太浓，一时忘了形，接连两晚破戒”，“晚上也做些工作，以致睡不着”，这让他头晕两日并呕吐。

3月，梁思成与林徽因在加拿大的阿图和（渥太华）完婚，梁启超欣喜万分，说“报告婚礼情形各信都收到了，在不丰不俭之间，办得极庄严极美丽，正合吾意。现在又预备新人到家谒祖时的热闹了”，收到婚礼照片之后，更是大赞“新郎、新妇皆光彩动人，思成自照一片，丰腴俊秀，尤令我观之不厌”。

> 思成和你们姊姊报告结婚情形的信，都收到了，一家的冢嗣，成此大礼，老人欣悦情怀可想而知。尤其令我喜欢者，我以素来偏爱女孩之人，今又添了一位法律上的女儿，其可爱与我原有的女儿们相等，真是我全生涯中极愉快的一件事。
>
> 你们结婚后，我有两件新希望：头一件你们俩体子都不甚好，希望因生理变化作用，在将来健康上开一新纪元。第二

件你们俩从前都有小孩子癖气，爱吵嘴，现在完全成人了，希望全变成大人样子，处处互相体贴，造成终身和睦安乐的基础。这两种希望，我想总能达到的。（民国十七年四月二十六日《与思成、徽音书》）

梁启超给子女写信，每封都充满舐犊之情，让人感动。而此信中对儿媳林徽因的怜爱，尤让人动容。

这位“生性爱管闲事”，关心子女的父亲，除了关心孩子们的学业、生活、身体以及心理健康等情况，又开始谋划梁思成与林徽因回国后到东北大学或清华大学任教。

5 月 8 日，梁启超致信梁思成：

昨日杨廷宝来，言东北大学事，该大学理科学长高介清亦清华旧同学，该大学有建筑专系，学生约五十人，秋后要成立本科，前是预科。曾欲聘廷宝，渠不能往，渠在基泰公司。荐汝自代，薪俸月二百八十元，总算甚优。廷宝谓奉天建筑事业极发达，而工程师无一人，汝在彼任教授，同时可以组织一营业公事房，立此基础，前途发展不可限量。渠甚望汝先往开辟，渠将来尚思与汝打伙云云。津、沪等处业此者多，难与竞争。我虽未得汝同意，已代汝应允矣。惟该系既属创办，汝之职或即是该系主任，故开学前应有许多准备，故盼汝最迟能以阳历八月十号前到家乃好……

清华事亦已提出评议会，惟两事比较，似东北前途开展之路更大，清华园是“温柔乡”，我颇不愿汝销磨于彼中，谅汝亦同此感想。

梁启超说过多次要辞脱清华教职，态度似很坚决，但“清华事到底不能摆脱，我觉得日来体子已渐复元，虽不能摆脱，亦无妨，因为我极舍不得清华研究院”（民国十七年五月八日《与思顺书》）。6月中，因为批阅清华学生的成绩，一连赶了三天，梁启超的旧病又有点发作。但是此后清华的教职总算全部辞脱了。梁启超要求校长在自己辞职之前先批准他辞职，办妥后他感觉精神上很是愉快，因为学生再不来打扰，也不再有什么责任了。

梁启超是1925年香山红叶红时，受聘到清华国学研究院为导师的。梁启超在长沙时务堂任总教习时，便热爱教育事业，后来告别政坛，在全国各地的名校发表学术演说，大受欢迎。

“战士死于沙场，学者死于讲座”，梁启超在清华教学，每日五时起床，一天工作十个小时以上。平时不接待客人，偶有来访，谈话时间以一小时为限。“非倨傲也，光阴宝贵不得不然也”，这是他的解释。清华园教授的书斋甚多，唯独梁启超的书斋，醒目地挂着一木牌，上书“除研究生外，无事莫入”。

梁启超的学生姚名达，在整理梁启超课程讲义时加了一段注文：“名达案：民国十四年九月，名达初到清华研究院受业于先生，即有著《中国史学史》之志，曾向先生陈述；而今二年，积稿颇丰，惟一时尚不欲草率成书耳。”在为《中国历史研究法补编》所撰的跋中，他记下：“问先生近自患学问欲太多，而欲集中精力于一点，此一点为何？先生曰：史也！”

在学子眼中，梁启超就是传奇，就是神话。他在讲台上的形象让梁实秋印象深刻：梁启超不高的身材，额头上头发稀疏，已经谢顶，显得光亮亮的。他的目光总是带点忧郁，让被扫过的人心里有震动，奕奕有神而又亲切慈祥。他爱用手势，那手势有些显示自信，有时又表达着某种遥远的思恋。他讲杜甫讲到《闻官军收河南河北》之“剑外忽传收蓟北，初闻涕泪满衣裳”时，突然大放悲声，涕泗交流。课堂上静极，只有眼泪跌落在课上的声音。他也笑，那是朗声大笑，如是在寒冬，会把冷冷的教室笑得暖暖的。他常常大段背诵引文，那会是一字不差的。偶尔也有一时想不起来，便将前额敲得啪啪响，学生见状就笑,少顷想起来,依旧滔滔不绝。下课,他问学生:“你们笑什么？”

梁启超辞脱清华教职，让整个清华不胜唏嘘。王国维投湖，梁启超辞职，陈寅恪说了句意味深长的话：“所谓孤单，如今略知。”水木清华，此后有些寂寥了。

有一件事值得一提，梁启超辞脱教职，在天津养病，时入京的北伐军，居然在7月《民国日报》登出北京党部对1926年“三一八惨案”的决议，将他牵扯其中。梁启超不予回应，7月7日，族侄梁廷灿致信北平特别市市党部党务指导委员会，为梁启超辩解。“鄙人乃梁任公之侄也，顷闻《民国日报》载贵委员会会议决案关于三一八惨案有牵扯家叔之语，不胜骇诧”，他认为，“贵会议案所云云，与事实太相违反，不得不举出极简明而极有力之反证，郑重辨明”。他指出，梁启超自1926年入春以后，忽罹重病，3月2日出德国医院，8日入协和医院，16日手术割肾，全部麻醉，术后两日昏迷不省人事。19日下午，“有问病者告以惨案状况。家叔奋气填膺，热度渐增，几陷危境。医生查知大怒，因此严禁探问者五日。此等事实协和医院有日记”。他质问道：“凭天理良心判断，以十六日正受麻药剖腹卧病之人，是否可以参预十八日上午发生之任何事件。”

辞脱清华教职，梁启超还有一件大事未了。

6月18日，梁启超致信袁同礼，报告一年来编纂《中国图书大辞典》的成绩：

守和足下：

图书辞典报告书前星期寄上，想已达，今由舍侄廷灿亲带去成绩若干册，乞察收。内书画录一册，赶钞不及，或开会稍迟则补寄。此书编纂颇费苦心，其义例及方法皆迥然不袭前人，意欲为簿录界开一新纪元，衍刘略阮录之正绪而适应于现代图书之用，公试一视其略定之稿，所须改者尚极多。谓可达此目的否耶。致叔永、适之两书，阅后请交去。希望原约不至中止，若不能，则亦付之一叹而已。手此，即请

大安！不一一。

此信中提及“致叔永、适之两书，阅后请交去”，给胡适的信，是请他赞助通过续编《中国图书大辞典》，期望与胡适通力合作，完成此浩大而“新具别裁”的大项目：

适之足下：

自公欧游归后，道路间隔，迄未得一促膝握手，商量旧学，相思与日俱积，想复同之耳。

仆自去秋受北京图书馆之属托，编纂《中国图书大辞典》，一年以来，督率门人数辈，昕夕从事，虽写定之稿未及什之一，然颇感斯业之有益，兴味引而弥长。窃不自揆，意欲使此书成后，凡承学之士欲研治某科之学，一展卷即能应其顾问，视以资料之所在，及其资料之种类与良窳，即一般涉览者，亦如读一部有新系统的《四库提要》，诸学之门径可得窥也。此种愿望之成绩，虽未敢期绝对的满意，然黾勉赴之，最少亦可树立规模，以俟来者之补正，于愿亦已足矣。今将稿

本略审定，可缮写者可提出若干种于图书馆，以转达董事会，盼我公在会中审查时，费一二日之力，细为省览，而有以是正之。其中簿录之部官录及史志一册，史部谱传类年谱之属一册，金石书画部丛帖之属一册，史部杂史类晚明之属一册，比较可算已成之稿，虽应增改者仍甚多，自谓其组织记述批评，皆新具别裁，与章实斋所谓横通者迥别，将来全书即略用此例。

公视似此作法，能达前所期之目的否耶？此等工具之书，编纂备极繁难，非有一人总揽全部组织不可，却绝非一人之精力所能独任。现在同学数辈分功〔工〕合作，写卡片四万余纸，丛稿狼藉盈数箧，幸得董事会之助，使诸人薄得膏火之资，等于工读。现在第一期工作已过，以经验之结果，知初期枉费之工作极多，下半专从事于整理写定。原定两年成书之计画，虽未必能完全实现，要可得什之七八耳。董事会所赐补助原定两年，今正得半，想董事诸公既提倡于始，则赓续更不成问题，仍盼我公稍注意审查成绩，估其价值，在会中力予主持，俾不致废于半途，幸甚幸甚。溽暑，诸惟珍卫，不一一。

本来8月梁思成夫妇回到天津饮冰室时，阖家喜气洋洋。但次日梁启超的病又发作了，“发得很利害，血块比前两回都多”。在“医生严重干涉，家人苦语劝诫”之下，出于身体考虑，“旧恙复发频繁”的梁启超决意“斩钉截铁”地请辞编纂《中国图书大辞典》的委托，并且退还编纂津贴：

我的病态据这大半年来的经验，养得好便真好，比许多同年辈的人都健康；但一个不提防，却会大发。一次发起来虽无妨碍，但经两三天的苦痛，元气总不免损伤。所以我再四思维，已决意容纳廷灿的忠告，连这一点首尾，也斩钉截铁的辞掉。本年分所领津贴已经退还了，七月起。去年用过的五千元，因为已交去相当的成绩。论理原可以不还，但为省却葛藤起见，打算也还却。现在定从下月起，每月还二百元，有余力时便一口气还清。你们那边营业若有余利时，可替我预备这笔款，但不忙在一时，尽年内陆续寄些来便得。（民国十七年八月廿二日《给孩子们书》）

8月24日，梁启超分别致信北京图书馆和袁同礼，陈请辞却编纂《中国图书大辞典》之委托及结束办法，退还津贴等。但9月7日，图书馆复信梁启超，除了原封不动地寄回梁启超退还的津贴，仍请求梁启超继续主持编纂《中国图书大辞典》，并委托袁同礼赴饮冰室面陈一切。

9月18日，张君劢致信梁启超，考虑他的病情，请他速作对于国事党事之自述，以鼓舞以后同志奋斗：

国事纷如乱丝，听吾侪在万难之中奋斗可也。森常望于先生者，将先生对于世界、对于吾国、对于旧友之希望，以简单之言择要纪录，俾同人有以继续先生之志愿而已。因蔚堂过沪之便，率述所怀，虽欲守在君之戒，而不可得矣。狄楚卿日前在席上一见，言有赴津商先生将富有票事记述成书之意。自戊戌以至洪宪之事，皆在应记之列，此即先生自传之一部，亦即吾所谓对于吾国对于旧友之希望之一部也。

友人害怕梁启超突然离去，不及时留下对后人的教诲，乃是社会和家国的一大损失，故着急让他留下遗愿。

在病榻之上，梁启超在用生命的最后之血，浇灌他的春秋大作。“日来撰成《辛稼轩年谱》，并为稼轩词作编年，竟什得七八，又得一佳钞，用校四印斋重雕之元大德本，是正伪舛，将及百条，深用自喜。一月来光阴全消磨于此中，再阅十日可蒇事矣。知诸公相爱相念，辄以奉闻。”（民国十七年九月二十二日《致撄初、叔通、季荫、振飞诸公书》）他说，再有十天，他的《辛稼轩年谱》就可完稿啦！

梁启勋《曼殊室戊辰笔记》记载，梁启超写作《辛稼轩年谱》，9 月 10 日开始属稿，中途多次发病，仍然执笔，至 10 月 12 日因病重搁笔，成为绝笔：

戊辰阳历三月十四日，丛帖之属脱稿……《辛稼轩年谱》，九月十日始属稿，二十四日编至稼轩五十二岁，入夜痔大发，竟夕不能睡，二十五日过午始起，侧身坐属稿。二十六日，痔疮痛剧，不能复坐，二十七日，始入京就医，十月五日，始返，仍未能执笔。十月五日，从北京就医归，归途感冒发烧，不自觉，六七两日执笔校改前稿甚多。七日下午，始知有病，遂卧床两日。九日下午，势全退，乃赓续作此。十月十日，昨日午势已全退，今晨复升至三十七二，可厌之至。无聊故，仍执笔，十二日，为最后绝笔。

梁启超在《辛稼轩年谱》“（乾道）二年丙戌二十七岁”“（乾道）三年丁亥二十八岁”的条目“在江阴签判任”后面，打上了两个“？”，条目“考证”说：“旧制任官三年考满，率有迁免，先生此两年是否仍留江阴任，无可考。据宋人诸说部书，先生似有一时期失职流落金陵，但无确据，故记此以俟再考。”可惜，梁启超再无“再考”的机会。

梁启勋决定“继伯兄未竟之业”，对稼轩词进行疏证，1929 年 10 月属稿，12 月完稿《稼轩词疏证》，体例上明显体现兄弟二人合作的特征，每首词下先列校记，包括梁启超校勘及梁启勋补校，次为考证，包括梁启超考证和梁启勋案语。这是后话。

病情加重的梁启超，连日发烧，瘦到不成样子，精神委顿，睡觉时浑身骨节酸痛，睡也不是，坐也不是，“殊苦”。去世前的梁启超，惦记着长子，思念着长女，还想着今后的新生活。

> 我平常想你还自可，每到病发时便特别想得利害，觉得像是若顺儿在旁边，我向他撒一撒娇，苦痛便减少许多。但因为你事实上既未能回家，我总不愿意说这种话。现在好了，我的顺儿最少总有三五年依着我膝下，还带着一群可爱的孙子——小小白鼻接上老白鼻——常常跟我玩。我想起八个月以后家里的新生活，已经眉飞色舞了。（民国十七年十月十二日《与顺儿书》）

可惜这全家团圆的日子不会再有了，梁思顺也未能见到父亲最后一面。

12 月 1 日，前清华研究院学生徐中舒、程璟、杨鸿烈、方欣、陆侃如、刘纪泽、周传儒、姚名达等人致信梁启超，恳切慰问，致仰望祷祝之诚：

任师夫子大人钧鉴：

自别道范，相从南来，河山虽隔，系念常殷。每度京津同学有道出沪上者，辄相与把臂促膝问津门起居。闻师座清恙大减，则粲然色喜；若闻玉体违和，则相与蹙额浩叹矣。客岁党军占领江南，南北之音问遂疏，师座因历史关系，为各方所注目，邮电往来常被检查，用不便径修书候；然间接因同门诸子传达状况，耑颂起居者，盖无时或缺焉。暑假中得刚主信，称师座近况佳善，息影著书，私心窃喜，以为稍养数月，或能全愈矣。今为时不过三月，乃报忽载病重入协和医院之说。诚然此信非虚。惟此间同门所急欲知者，即师座病为旧疾复发耶，抑新恙乍添耶？饮食行动尚能如常否？尚祈师座有以示之。师座以一身关系国家前途，文化前途。今政治方面虽较黯淡，而全国学术待师座之整理，全国学子待师座之指导者极多，即就政治方面言，初，亦非全然绝望，惟暂时不得不权安缄默耳。他日春雷陡起，万象或能更苏矣。尚望师座节忧寡虑，清心静养，留得梁木，为他日用。此间同门有足为师座告者，即全体俱能安心向学，无一轻率浮动者；且社会各方皆相推重，是悉由师座曩日训诲之功也。专此敬禀，即叩

钧安。

年至岁尾，病中的梁启超读到此信，潸然泪下，久久持信不放。

第十五章

溘然病逝协和医院，京津沪粤举行公祭

己巳（1929），梁启超五十七岁。

1 月 19 日，梁启超在北京协和医院逝世。

旧病未愈，又发现新病，身体已虚弱太甚，1929 年 1 月 19 日午后二时十五分，那颗充满道义与激情，只求觉世，不求传世，半个世纪在中国政坛和文坛叱咤风云的心脏，停止了跳动。

这位世纪伟人，把他的少年中国的梦想，留给了后人。

梁启超突然辞世，震惊了社会各界，悲痛弥漫在“过渡时代之中国”。

关于梁启超溘然西去，在他生命的最后时刻陪伴在病榻左右的胞弟梁启勋及长子梁思成，都有文字追忆。

1 月 21 日，《大公报》转载梁启勋《病院笔记》时说：

任公于四年前，即患小便出血症，当时因在清华讲学，城内各校时有定期讲演，异常忙碌；加以其夫人病体沉重不可救治，任公以此种种关系，未暇医治。及其夫人病殁之后，任公失偶，情极难堪，仍在清华讲学如常，亦借此寄托，以过其难堪之日月也。

其小便出血之症，由此愈剧。友人有劝其就医者，因先入德国医院，由克里大夫检查，结果不能断定病原所在。因改入协和医院，由协和泌尿科诸医检验，谓右肾有黑点，血由右边出，即断定右肾为小便出血之原因。

任公向来笃信科学，其治学之道，亦无不以科学方法从事研究，故对西洋医学向极笃信，毅然一任协和处置。其友人中有劝其赴欧美就名医诊治者，有劝其不必割治，辞却一切事务专心调养者，有劝其别延中医，谓有某人亦同患此病，曾服某中医之药而见痊者，众论纷歧，莫衷一是。而任公微笑曰：“协和为东方设备最完全之医院，余即信任之，不必多疑。”

及右肾割去后，小便出血之症并未见轻，稍用心即复发，不用心时便血亦稍减。二三年来，精神体力已大不如从前，时到协和打血针，约一个月一次，此法以生人之血补其血分之不足，打针后，元气稍复。

而任公因著述方面未完之工作甚多，虽友朋切劝而思潮时起，欲理旧业，仍不能绝对停止。近数月来，专以词曲自遣，拟撰一《辛稼轩年谱》。去年九月中因痔疾复发，未能脱稿，即来平，入协和割治，服泻药二星期之久，稍见轻。在院中仍托人觅关于辛稼轩材料，忽得《信州府志》等书数类，狂喜，携书出院，痔疾并未见好，即驰回天津，仍带泻药到津服用。拟一面服泻药，一面继续《辛稼轩年谱》之著作。未及数日，即发微热，延日医田邨氏诊治未见有效，热度不稍退，体气渐就衰弱，在津寓约四五十日，衰弱日甚，渐至舌强神昏，几至不起。

去年十一月廿七日，乃弟仲策启勋到津视疾，遂偕至平入协和医院诊治。经该校教授柏格兰发见痰内有毒菌，在肺部及左肋之间。此病在美国威士康辛地方有三人曾罹此病，其一已死，其一治愈，一人尚医治中。在病原未发见以前，任公以其病不治，亲嘱家人以其尸身剖验，务求病原之所在，以供医学界之参考。

一月十一日，任公拟预备自祝六十岁寿，请其友人作文百篇，请林宰平作关于任公之佛学研究，罗复庵作任公书法。一月十五日病势垂危，至临终时，无一语遗嘱云云。

我们又从梁思成等人追忆中完整得知梁启超的得病及逝世经过。

梁启超“体质素强，疾病极少，平日自恃，殚精运思时，于一己体力尤不措意”。

1923 年春，梁启超病复发，协和医院声言不治。梁启超深受刺激，遂得小便带血之症。但他不愿以此增家人累，秘不告人。

1926 年 1 月，梁启超入德国医院化验尿血，没有发现，以手术探源亦不能得究竟，出院以中医医治也不见效。2 月入协和医院检查多日，认为右肾生瘤，于 3 月 16 日手术割右肾，但尿血仍不止。自此，梁启超的便血之多寡，视工作之劳逸而定。医者嘱他静养，每两三个月注血一次。出医之后，梁启超讲学于清华、燕京，不听劝诫。

1928 年 4 月，梁启超回天津休养，一旦身心过劳或动感情，病情就转重，一年中小便堵塞三次。范公静生逝世时，梁启超伤感至小便不通二十九小时。6 月 27 日，小便不通五十余小时。8 月 13 日，梁思成夫妇回到家中，梁启超悲喜交集，小便堵塞二十余小时。9 月 27 日，梁启超痔疮复发，入协和医治。医生让每日服泻油，使梁启超食欲全失。当时梁启超正在撰写《辛稼轩年谱》，入院数日，搜得稼轩逸事二种，立刻出院，到家后坐着写作三天，10 月 12 日后再不能支，从此卧床不起。11 月 27 日，梁启超忽然说要去协和医治，次日住院。协和检查数日，发现梁启超肺部撮影似有肺痨，左胁微肿，取痰化验，发现一种“末乃厉”（monelli）菌，左胁肿处取出脓血化验，结果亦同。12 月 7 日，梁启超小便又堵塞约三十小时。17 日，病势转恶，寒热交作。24 日，注血二百立方生的，反动甚剧。医生以药菌剧斗，伤人元气，不再给药。

梁启超永远沉睡之后，梁氏家族于 2 月 17 日举行开吊。是日，其知友同志及各界，分别在京、沪举行追悼大会。

北平各界与广东旅平同乡会在老墙根广惠寺公祭，前来的团体尚志学会、时务学会、清华大学研究院、香山慈幼院、松坡图书馆、司法储才馆、广东旅平同乡会等团体，以及熊希龄、丁文江、胡适、钱玄同等五百余人。

老墙根广惠寺相传建于元朝。公祭之日，广东旅平同乡在大门前高扎一座蓝花白地素牌楼，并用蓝花扎成“追悼梁任公先生大会”等字样。

门内为奏哀乐处，高悬阎锡山挽联“著作等身，试问当代英年，有几多私淑弟子；澄清揽辔，深慨同时群彦，更谁是继起人才”。

祭台前用素花扎成牌楼，缀有“天丧斯文”四个大字，悬熊希龄挽联“十余年患难深交，有同骨肉，舍时去何先，著书未完难瞑目；数小时行程迟误，莫接声容，悲余来已晚，抚棺一痛更伤心”。

内佛堂布满了祭联、哀章三千余件。梁氏后人思成、思礼、思懿、思达、思宁与林徽因女士麻衣草履，俯伏在灵帏内，稽颡叩谢，泣不可仰。

无数唁电、挽联、悼念诗歌，在寒风中呜咽。

冯玉祥送挽联：

矢志移山亦艰苦，

大才如海更纵横。

王士珍送挽联：

读万卷书，行万里路，公真天下健者；

生有自来，死有所归，我为斯世惜之。

唐蟒送挽联：

开中国风气之先，文化革新，论功不在孙黄后；
愧藐躬事业未就，门墙忝列，伤世长为屈贾哀。

蔡元培送挽联：

保障共和，应与松坡同不朽；
宣传欧化，宁辞五就比阿衡。

清华国学研究院正干事侯锷《哭任公诗二首》颇为醒目：

忽见沧江晚，冥冥何所之。
京尘吹日落，园树助群悲。
忧国死未已，新民志可期。
平生心力在，回首泪丝垂。

独挽神州厄，一言天下惊。
此身终报国，何意计勋名。
正气永不死，宏篇老更成。
西山能入座，已是百年情。

同日，旅沪的寓公与任公雅故，设奠于上海静安寺举行公祭。陈散原、张元济主祭，陈叔通、李拔可分任招待。礼堂中悬梁启超小像，布满鲜花蔬果。四壁悬挽联，白马素车。名流到场者跟北京公祭相比亦不少。

张东荪送挽联：

本方寸间不容已愿轮，为先哲后哲续千灯，学通中外古今，言满天下，名满天下，智过于师，万口争传大王路；

是历史上有关系人物，更升平津平张三世，身阅坏空成住，知惟春秋，罪惟春秋，泣尽心血，一生肯作宁馨儿。

杨杏佛送挽联：

文开白话先河，自有勋劳垂学史；
政似青苗一派，终怜凭藉误英雄。

高梦旦送挽联：

不朽在立言，独有千秋追介甫；
自任以天下，何辞五就比阿衡。

挽联甚多，不一一列举。这些挽联皆追忆梁启超一生成就，追思其高尚灵魂，表彰其功德情操。梁启超一生，与康有为共举改良变法之旗，后又独开晚清文学改良运动，助力摧毁清王朝统治以结束中国漫长的黑暗社会，吹响了五四运动的号角。正如北大学者夏晓虹在《觉世与传世》中的评价：

在晚清文坛上，梁启超首开风气，用明确、极端的语言强调文学变革的必要性，呼唤“诗界革命”“文界革命”和“小说界革命”。而这一切，又是基于文学尤其是小说在改良群治中有决定作用的理解，并以此为核心，形成了他的“文学救国”思想；更推而广之，使之成为晚清文学改良运动的理论支柱，促进了这个运动的形成与全面展开。可以毫不夸张地说，梁启超的声音笼罩了整个近代文学界，其回声既广且长。

钱锺书之父钱基博的看法也颇有见地，他在 1930 年出版的《现代中国文学史》中说：

迄今六十岁以下三十岁以上之士大夫，论政持学，殆无不为之默化潜移者！可以想见启超文学感化力之伟大焉！

胡适在《四十自述》中，亲切而公允地写道：

这一年（1904 年）之中，我们都经历了思想上一种激烈变动，都自命为“新人物”了。二哥给我的一大篮子的“新书”，其中很多是梁启超先生一派的著述，这时代是梁先生文章最有势力的时代。

我个人受了梁先生无穷的恩惠，现在追想起来，有两点最分明，第一是他的《新民说》……

梁先生的文章，明白晓畅之中，带着浓挚的热情，使读的人不能不跟着他走，不能不跟他想。

周作人自己深受梁启超的影响，认定“为人生的艺术”，以“文学救国”。同时，他在《关于鲁迅之二》中叙述，鲁迅在日本读了梁启超编的《新小说》后，受到很大影响。后来鲁迅弃医从文，想以文学改变国民精神。

章太炎先生对梁启超的评价，从他的挽联并自序中可见一斑。

> 至客腊闻尊公疾笃，未及竟于报纸得讣。平生知友零落殆尽，恻怆何极。所致挽联，虽无奇特，然以为能写尊公心迹，亦即鄙人与尊公相知之素也。
>
> 进退上下，式跃在渊，以师长责言，匡复深心姑屈己；
>
> 恢诡谲怪，道通为一，逮枭雄僭制，共和再造赖斯人。

国外也在追悼梁启超，美国《史学界消息》登载了梁启超逝世的消息，在追忆其一生的成就之后说：

> 就是这个年轻人（梁启超），以非凡的精神活力和自成一格的文风，赢得全中国知识界的领袖头衔，并保留它一直到去世。表现在他的文风和他的思想里的这种能够跟上时代变迁的才华，可以说是由于他严格执行他自己常常对人引用的格言：“切勿犹疑以今日之我宣判昨日之我。”（梁思庄译自《美国历史评论》）

当然，对梁启超的评价一直是褒贬不一，批判者亦不乏其人其文。

20 世纪 60 年代初，笔者就读大学中文系时，游国恩等人主编的《中国文学史》（人民文学出版社）作为教材。该书在评价梁启超时，有这样的话：

他是康有为的弟子，是资产阶段改良运动杰出的宣传家。戊戌变法前，他曾和康有为联合各省举人上书请变法，领导京师和上海的强学会活动；旋又和黄遵宪等在上海创办《时务报》，著《变法通议》，主张“废科举，兴学校，亦时时发民权论”；后又主讲长沙时务学堂，“又多言清代故实，胪举失政，盛信革命”。他的宣传活动，对改良运动的发展起了极大的推动作用。戊戌变法失败后，他流亡日本，和康有为组织保皇会；创办《清议报》《新民丛报》《新小说》等杂志，坚持改良主义立场，在政治上走上了反对资产阶段民主革命的反动道路，但他同时努力于西方社会科学的介绍，中国传统的学术思想的整理和历史文化的研究，对动摇旧思想、旧文化，传布新思想、新文化，也起了广泛的影响和一定的积极作用。

既已认定是走上了“反对资产阶段民主革命的反动道路”，怎么会“对动摇旧思想、旧文化，传布新思想、新文化，也起了广泛的影响和一定的积极作用”？这种结论，并没有可支撑的材料，在逻辑上说不通。

游国恩等人主编的《中国文学史》全文引用了梁启超于1900年撰写的《少年中国说》。梁启超在当时能写出这样具有强国梦想的雄文，猛烈冲击传统旧文化、旧政治，解放晚清文体，为“五四”白话文运动开辟了道路，积极歌颂少壮精神，肯定不是走上了“反动道路”。

外一篇

教育是教人学做人，做个慈父言传身教

梁启超是一位杰出的教育家，既重视社会教育、学校教育，又重视家庭教育。

早在光绪二十三年（1897），梁启超就应湖南巡抚陈宝箴等人的邀请，到长沙时务学堂任中文总教习。后来，梁启超长期任教于清华国学研究院。梁启超一直强调，教育事业关系国家的前途，办好教育是救国图存，使国家民族强盛起来的头等大事。

梁启超曾在《变法通议》中提出重视师范教育和女子教育的主张，并亲力亲为，“得天下英才而教育之”，苦心孤诣，培养了大量有成就的人才，桃李满天下。梁启超子女较多，长大成人的共有五男四女，在他的精心教育之下，九个子女皆成栋梁之材。

梁夫人李蕙仙有两女一男：长女思顺（1893—1966）成为诗词研究专家；长子思成（1901—1972），成为杰出的建筑学家；女儿思庄（1908—1986），继承梁启超衣钵，成为图书馆学专家。王桂荃有六个子女：儿子思永（1904—1954），成为中国近代考古学的开拓者之一；儿子思忠（1907—1932）毕业于美国西点军校，参加过淞沪会战；儿子思达（1912—2001），成为经济学家；女儿思懿（1914—1988），成为社会活动家，从事对外友好联络工作；女儿思宁（1916—2006）就读南开大学，后来加入中国共产党，从事宣传工作；儿子思礼（1924—2016），成为导弹和火箭控制系统专家。

值得一提的是，梁启超一生致力于政治活动和学术研究，基本无暇顾及家务，但从不懈怠于对子女的教育，非常关心子女的思想、学习和生活。李蕙仙主家政，王桂荃操持家务，梁家全家和和满满。梁夫人和梁启超相继去世后，王桂荃成为九个子女的依靠。别的无须多说，单从中华人民共和国成立之后，与长女梁思顺商量后，将梁启超遗留在饮冰室的全部手稿捐赠给北京图书馆一事来看，她确实开明、识大体。

梁启超在《教育与政治》一文中指出：

> 教育是什么？教育是，教人学做人——学做现代人。
>
> 不是教他学会做单独一个人便了，还要教他学会做父母，做儿女，做丈夫，做妻子，做伙计……乃至做国民。
>
> 任凭你怎么的厌恶政治，你总不能找一个没有政治的地方生活。不是生活于良政治之下，便生活于恶政治之下。恶政治的结果怎么样呢？哈哈，不客气，硬叫你们生活不成。

梁启超教育子女的方法独特，除了耳提面命、言传身教，日常还通过书信对子女进行潜移默化的教育，效果非常好。

梁启超特别注意对子女进行爱国思想教育。作为中国知识分子的领袖，梁启超的思想和文风一直随着时代的变化而变化。他的著名格言是“以今日之我，宣判昨日之我”，但其殷殷的爱国之情从未动摇，他持之以恒地对子女进行爱国教育。爱国主义如同一条红线，贯穿了他的思想及教育子女的活动，其子女个个成为爱国者。因此，梁启超不愧为中国近代史上杰出的爱国者。

以梁启超 1927 年 8 月 29 日从饮冰室写给孩子们的信为例。

> 一个多月没有写信，只怕把你们急坏了。
>
> 不写信的理由很简单，因为向来给你们的信总在晚上写的，今年热得要命，加以蚊子的群众运动比武汉民党还要利害，晚上不是在院子外头，就是在帐子里头，简直五六十晚没有挨着书桌子，自然没有写信的机会了。加以思永回来后，谅

来他去信不少，我越发落得躲懒了。

关于忠忠学业的事情，我新近去过一封电，又思永有两封信详细商量，想早已收到。我的主张是叫他在威士康逊把政治学告一段落，再回到本国学陆军。因为美国绝非学陆军之地，而且在军界活动，非在本国有些“同学系”的关系不可以，所以“打人学校”决不要进。至于国内何校最好，我在一年内切实替你调查预备便是。

思成再留美一年，转学欧洲一年，然后归来最好。关于思成学业，我有点意见。思成所学太专门了，我愿意你趁毕业后一两年，分出点光阴多学些常识，尤其是文学或人文科学中之某部门，稍为多用点工夫。我怕你因所学太专门之故，把生活也弄成近于单调，太单调的生活，容易厌倦，厌倦即为苦恼，乃至堕落之根源。再者，一个人想要交友取益，或读书取益，也要方面稍多，才有接谈交换或开卷引进的机会。不独朋友而已，即如在家庭里头，像你有我这样一位爹爹，也属人生难逢的幸福。若你的学问兴味太过单调，将来也会和我相对词竭，不能领着我的教训，你全生活中本来应享的乐趣，也削减不少了。我是学问趣味方面极多的人，我之所以不能专精有成者在此，然而我的生活内容异常丰富，能够永久保持不厌不倦的精神，亦未始不在此。我每历若干时候，趣味转过新方面，便觉得像换个新生命，如朝旭升天，如新荷出水，我自觉这种生活是极可爱的，极有价值的。我虽不愿你们学我那泛滥无归的短处，但最少也想你们参采我那烂漫向荣的长处。这封信你们留着，也算我自作的小小像赞。我这两年来对于我的思成，不知何故常常像有异兆的感觉，怕他渐渐会走入孤峭冷僻一路去。我希望你回来见我时，还我一个三四年前活泼有春气的孩子，我就心满意足了。这种境界，固然关系人格修养之全部，但学业上之薰染陶镕，影响亦非小。因为我们做学问的人，学业便占却全生活之主要部分。学业内容之充实扩大，与生命内容之充实扩大成正比例。所以我想医你的病，或预防你的病，不能不注意及此。这些话许久要和你讲，因为你没有毕业以前，要注重你的专门，不愿你分心，现在机会到了，不能不慎重和你说。你看了这信，意见如何？徽音意思如何？无论校课如何忙迫，是必要回我一封稍长的信，令我安心。

你常常头痛，也是令我不能放心的一件事。你生来体气不如弟妹们强壮，自己便当自己格外撙节补救，若用力过猛，把将来一身健康的幸福削减去，这是何等不上算的事呀！前在费校功课太重，也是无法，今年转校之后，务须稍变态度。我国古来先哲教人做学问方法，最重优游涵饫，使自得之。这句话以我几十年之经验结果，越看越觉得这话亲切有味。凡做学问总要“猛火熬”和“慢火炖”两种工作循环交互着用去。在慢火炖的时候，才能令所熬的起消化作用，融洽而实有诸己。思成，你已经熬过三年了，这一年正该用炖的工夫。不独于你身子有益，即为你的学业计，亦非如此不能得益。你务要听爹爹苦口良言。

庄庄在极难升级的大学中居然升级了，从年龄上你们姐妹弟兄们比较，你算是最早一个大学二年级生，你想爹爹听着多么欢喜。你今年还是普通科大学生，明年便要选定专门了，你现在打算选择没有？我想你们弟兄姊妹，到今还没有一个学自然科学，很是我们家里的憾事，不知道你性情到底近这方面不？我很想你以生物学为主科，因为它是现代最进步的自然科学，而且为哲学、社会学之主要基础，极有趣而不须粗重的工作，于女孩子极为合宜，学回来后本国的生物随在可以采集试验，容易有新发明。截到今日止，中国女子还没有人学这门，男子也很少。你来做一个“先登者”不好吗？还有一样，因为这门学问与一切人文科学有密切关系，你学成回来可以做爹爹一个大帮手，我将来许多著作，还要请你做顾问哩！不好吗？你自己若觉得性情还近，那么就选他，还选一两样和他有密切联络的学科以为辅。你们学校若有这门的好教授，便留校，否则在美国选一个最好的学校转去，姊姊、哥哥们当然会替你调查妥善，你自己想想定主意罢。

专门科学之外，还要选一两样关于自己娱乐的学问，如音乐、文学、美术等。据你三哥说，你近来看文学书不少，甚好，甚好。你本来有些音乐天才，能够用点功，叫他发荣滋长最好。

姊姊来信说你因用功太过，不时有些病。你身子还好，我倒不十分担心。但做学问原不必太求猛进，像装罐头样子，塞得太多太急，不见得便会受益。我方才教训你二哥，说那“优游涵饫，使自得之”，那两句话，你还要记着受用才好。

你想家想极了，这本难怪，但日子过得极快，你看你三哥转眼已经回来了，再过三年你便变成一个学者回来帮着爹爹工作，多么快活呀！

思顺报告营业情形的信已到。以区区资本而获利如此其丰，实出意外，希哲不知费多少心血了。但他是一位闲不得的人，谅来不以为劳苦。永年保险押借款剩余之部及陆续归还之部，拟随时汇到你们那里经营。永年保险明年秋间便满期，现在借款认息八厘，打算索性不还他，到明年照扣便了。又国内股票公债等，如可出脱者，只要有人买。打算都卖去，欲再凑美金万元交你们。只怕不容易。因为国内经济界全体破产即在目前，旧物只怕都成废纸了。

我们爷儿俩常打心电，真是奇怪。给他们生日礼一事，我两月前已经和王姨谈过，写信时要说的话太多，竟忘记写去，谁知你又想起来了。耶稣诞我却从未想起。现在可依你来信办理。几个学生都照给他们压岁钱、生日礼、耶稣诞各二十元。桂儿姊弟压岁、耶稣各十元，你们两夫妇却只给压岁钱，别的都不给了，你们不说爹爹偏心吗？

我数日前因闹肚子，带着发热，闹了好几天，旧病也跟着发得利害。新病好了之后，唐天如替我制一药膏，方服了三天，旧病又好去大半了。现在天气已凉，人极舒服。

这几天几位万木草堂老同学韩树园、徐君勉、伍宪子都来这里共商南海先生身后事宜，他家里真是八塌糊涂，没有办法。最糟的是他一位女婿。三姑爷。南海生时已经种种捣鬼，连偷带骗，南海现在负债六七万，至少有一半算是欠他的。他串同外人来盘剥。现在还是他在那里把持，二姨太是三小姐的生母，现在当家，惟女儿女婿之言是听，外人有什么办法。君勉任劳任怨想要整顿一下，便有“干涉内政”的谤言，只好置之不理。他那两位世兄和思忠、思庄同庚，现在还是一点事不懂，远不及达达、司马懿。活是两个傻大少。人当不坏，但是饭桶，将来亦怕变坏。还有两位在家的小姐，将来不知被那三姑爷摆弄到什么结果，比起我们的周姑爷和你们弟兄姊妹，真成了两极端了。我真不解，像南海先生这样一个人，为什么全不会管教儿女，弄成这样局面。

我们共同商议的结果，除了刊刻遗书由我们门生负责外，盼望能筹些款，由我们保管着，等到他家私花尽，现在还有房屋、书籍、字画等所值不少。能够稍为接济那两位傻大少及可怜的小姐，算稍尽点心罢了。

思成结婚事，他们两人商量最好的办法，我无不赞成。在这三几个月当先在国内举行庄重的聘礼，大约须在北京，林家由徽的姑丈们代行，等商量好再报告你们。

福鬘来津住了几天，现在思永在京，他们当短不了时时见面。

达达们功课很忙，但他们做得兴高采烈，都很有进步。下半年都不进学校了，良庆在南开中学当教员。给他们补些英文、算学，照此一年下去，也许抵得过学校里两年。

老白鼻越发好顽了。

爹爹　八月廿九日

两点钟了，不写了。

后来成为共和国宇航专家、国际宇航联副主席的梁思礼，在回答记者“你从父亲那里继承下来的宝贵东西是什么”之问时，很肯定地说：“爱国！”梁思礼说：“父亲生前说过，‘人必须真有爱国心，然后可以用大事’，这一句话，支持了我一生的追求。”

梁思礼的话，代表了他们九位兄弟姊妹的爱国情怀，梁启超教育出来的子女，皆鞠躬尽瘁地为祖国的建设奉献了一生。梁启超子女中，两位没有出国深造的：一位在年轻时就参加了新四军，抗击日寇，奉献了青春和热血；一位在国内大学毕业后，投入火热的祖国建筑，为国家的经济做出了贡献。七位出国留学深造的，学成之后，没有一位留在国外，全部回到祖国，为祖国的建筑添砖加瓦。

长子梁思成，留学美国，成绩优秀，曾在美国讲学，不少地方欲让他留下工作，但他断然偕妻子林徽因归国。

长女梁思顺自幼受到梁启超的熏陶和教育，爱好诗词和音乐，长期担任父亲助手，尽心照顾弟弟妹妹。她曾随当外交官的丈夫周希哲出使菲律宾、缅甸、加拿大等地，在1938年周希哲去世后，独自抚养四个孩子，虽然生活十分困难，但坚决不肯为日本人做事。她在抗战胜利后拒当“国大”代表，向解放区捐衣捐物。中华人民共和国成立之后，她积极参加各种社会活动，曾任北京市东城区政协委员。她编有《艺蘅馆词选》，是研究梁启超学术思想的重要参考资料。

次女梁思庄，获加拿大麦吉尔大学文学学士学位和美国哥伦比亚大学图书馆学学士学位，1936年在北京燕京大学图书馆工作，中华人民共和国成立后任北京大学图书馆副馆长，一生致力于图书馆西文编目、参考咨询和教学工作，为我国的图书馆事业倾尽心血。在她的指导下，北京大学图书馆编制了几十万种西方图书的目录。

梁思宁，早年曾就读于南开大学，因1937年日寇轰炸南开而失学。1940年，在三姐梁思懿的影响下，梁思宁投奔了新四军，主要从事宣传工作，次年加入中国共产党。中华人民共和国成立初期，陈毅元帅对梁思成说过：“当年我手下有两个特殊的兵，一个是梁启超的女儿，一个是章太炎的儿子。”这里所说的梁启超的女儿，就是梁思宁。

梁思礼，他于1945年获美国普渡大学学士学位后，又在辛辛那提大学获得硕士学位和博士学位，中华人民共和国成立后归国。他曾负责起草我国运载火箭的长远计划，是火箭系统控制专家。他曾担任国防部第五研究院导弹系统研究室主任，是中国导弹控制系统研制创始人之一，是航天CAD的倡导者和奠基人。他还曾获得国家科技进步特等奖、国家科技进步二等奖等奖项。

在梁启超的爱国思想哺育下，九位子女个个热爱祖国，将满腔热血奉献祖国，可谓“满门忠烈”。

梁启超还总是教育子女努力学习，积极工作，做到做一行，爱一行，专一行。在1926年1月5日致梁思成的信中，他勉励儿子努力把所学之学问学好，回到祖国“创造世界才是”。

我初二进城，因林家事奔走三天，至今尚未返清华。前星期因有营口安电，我们安慰一会。初二晨，得续电又复绝望。立刻电告你并发一信，想俱收。徽音有电来，问现在何处？电到时此间已接第二次凶电，故不覆。昨晚彼中脱难之人，到京面述情形，希望全绝。今日已发表了。遭难情形，我也不忍详报，只报告两句话：（一）系中流弹而死，死时当无大痛苦。（二）遗骸已被焚烧，无从运回了。我们这几天奔走后事，昨日上午我在王熙农家连四位姑太太都见着了，今日到雪池见着两位姨太太。现在林家只有现钱三百余元，营口公司被张作霖监视中，现正托日本人保护，声称已抵押日款，或可幸全。实则此公司即能保全，前途办法亦甚困难。字画一时不能脱手，亲友赙奠数恐亦甚微。目前家境已难支持，此后儿女教育费更不知从何说起。现在惟一的办法，仅有一条路，即国际联盟会长一职，每月可有二千元收入。钱是有法拿到的。我昨日下午和汪年伯商量，请他接手，而将所入仍归林家，汪年伯慷慨答应了。现在与政府交涉，请其立刻发表。此事若办到，而能继续一两年，则稍为积储，可以充将来家计之一部分。我们拟联合几位朋友，连同他家兄弟亲戚，组织一个抚养遗族评议会，托醒楼及王熙农、卓君庸三人专司执行。因为他们家里问题很复杂，兄弟亲戚们或有见得到而不便主张者，则朋友们代为主张。这些事过几天，待丧事办完后。我打算约齐各人，当着两位姨太太面前宣布办法，分担责成。家事如何收束等等，经我们议定后，谁也不许反抗。但现在惟一希望，在联盟会事成功，若不成，我们也束手无策了。

徽音的娘，除自己悲痛外，最挂念的是徽音要急杀。我告诉他，我已经有很长的信给你们了。徽音好孩子，谅来还能信我的话。我问他还有什么特别。话要我转告徽音没有。他说："没有，只有盼望徽音安命，自己保养身体，此时不必回国。"我的话前两封信都已说过了，现在也没有别的话说，只要你认真解慰便好了。徽音学费现在还有多少，还能支持几个月，可立刻告我，我日内当极力设法，筹多少寄来。我现在虽然也很困难，只好对付一天是一天，倘若家里那几种股票还有利息可分，恐怕最靠得住的几个公司都会发生问题，因为在丧乱如麻的世界中，什么事业都无可做。今年总可勉强支持，明年再说明年的话。天下大乱之时，今天谁也料不到明天的事，只好随遇而安罢了。你们现在着急也无益，只有努力把自己学问学够了回来，创造世界才是。

（民国）十五年一月五日晚　爹爹　北海图书馆写

今日为林叔作一行述，随讣闻印发，因措辞甚难，牵涉政治问题太多。故用其弟天民名义，汪年伯事至今尚未发表，焦急之至。

七日晚　爹爹　清华

今日林宅成服，我未到，因校中已缺课数日，昨夕回校上堂。

该信写的是林徽因之父林长民在东北遇难和丧事事宜。从信函中可见梁启超对亲家的深情厚谊，让人想起李白写给好友王昌龄的诗句："我寄愁心予明月，随风直到夜郎西。"这就是文人间"肝胆一古剑，波涛两浮萍"般的深厚友谊。

梁思成读此信，自然了解父亲盼自己"学问学够了回来，创造世界才是"的殷殷嘱托，亦当知父亲那种"既以为人，己愈有；既以与人，己愈多"的文人仁心和道义。

梁启超教育子女，会从孩子幼年时抓起，教育他们无论何时都要吃苦耐劳、勤俭节约，在困难中磨炼人格，不要追求奢华和享受。从1927年5月5日、5月13日及1928年6月18日，他从饮冰室发给孩子们的信件中，便可了然。

在1927年5月5日至孩子们的信中，梁启超说：

以下的话专教训忠忠。

三个礼拜前，接忠忠信，商量回国，在我万千心事中又增加一重心事。我有好多天把这问题在我脑里盘旋。因为你要求我秘密，我尊重你的意思，在你二叔、你娘娘跟前也未提起，我回你的信也不由你姊姊那里转。但是关于你终身一件大事情，本来应该和你姊姊、哥哥们商量，因为你姊姊、哥哥不同别家，他们都是有程度的人。现在得姊姊信，知道你有一部分秘密已经向姊姊吐露了，所以我就在这公信内把我替你打算的和盘说出，顺便等姊姊、哥哥们都替你筹画一下。

你想自己改造环境，吃苦冒险，这种精神是很值得夸奖的，我看见你信非常喜欢。你们谅来都知道，爹爹虽然是挚爱你们，却从不肯姑息溺爱，常常盼望你们在困苦危险中把人格力磨练出来。你看这回西域冒险旅行，我想你三哥加入，不知多少起劲，就这一件事也很可以证明你爹爹爱你们是如何的爱法了。

八天之后，梁启超在给长女梁思顺的信中，再次告诫孩子们要在困境磨炼人格。信中说：

生当乱世，要吃得苦，才能站得住。其实何止乱世为然。一个人在物质上的享用，只要能维持着生命便够了。至于快乐与否，全不是物质上可以支配。能在困苦中求出快活，才真是会打算盘哩。何况你们并不算穷苦呢？拿你们比你们两个人的父母，已经舒服多少倍了，以后困苦日子，也许要比现在加多少倍，拿现在当作一种学校，慢慢磨练自己，真是最好不过的事。

1928 年 6 月 19 日，在给长女梁思顺的信中，梁启超再次教育子女，要准备在困难中工作、生活。

奉天形势虽极危险，但东北大学决不至受影响，思成聘书已代收下，每月薪金二百六十五元。系初到校教员中之最高额报酬。那边建筑事业将来有大发展的机会，比温柔乡的清华园强多了。但现在总比不上在北京舒服，不知他们夫妇愿意不？尚未得他信，他来信总是很少。我想有志气的孩子，总应该往吃苦路上走。

梁启超不愿孩子在舒服的地方工作生活，特意将梁思成安排在生活条件艰苦的东北大学任教，可见其良苦用心。当时，梁启超上了年纪，又患病在身，将孩子留在身边照料也算无可厚非，但考虑要培养有志气、有作为的国之栋梁，他硬是让孩子往“吃苦路上走”。

梁启超教育孩子，还有一个特点，便是为人父，从不摆出一副“严父”的面孔，也不完全按照自己的想法向子女死板说教。从他给子女的多封信件中，我们可以看到一位和蔼可亲的慈父形象，他做任何决定，都是与孩子们平等、民主地交谈，商量后定夺。平时，梁启超将孩子们看成朋友、同志，有时甚至视为老师，向他们学习。

倘若发现子女有做得不够的地方，梁启超总是孜孜不倦地讲道理，直到讲通孩子，孩子接受为止。无论做什么事，他绝不强求，让孩子自己选择，并尊重儿女的决定。从他给孩子们的信件中，这种民主、平等的做法极突出地显现出来。

梁启超流亡海外时，其生活主要靠华侨资助，生活并不富裕。归国之后，他虽然做过几次高官，但他为人正直，做官清廉，加之任期都很短，要支撑这么多儿女求学，经济自然很拮据。在这种环境下，梁启超的儿女从小便养成了克勤克俭，过极普通人的生活的习惯。

后来，梁启超有大量学术著作出版，又到清华国学研究院任导师，日子才渐渐富裕起来。在天津买地建寓所和饮冰室书斋，是他在生活上最风光的时日。但是儿女大多出国深造，开销不菲，生活上又开始有些紧巴。梁思成留学美国时，曾在餐馆洗过盘子，在罐头厂当过装罐头的小工，在游泳池当过救生员等。作为名人之后，梁启超的儿女从不以父亲炫耀，求别人照顾，而是“流自己的汗，吃自己的饭”，靠个人刻苦努力，求得学业、事业上的成就。

作为学者的梁启超，一直在从事教学工作、学术研究，到处演说，十分忙碌，但每到周末，他总要挤出几个小时的时间，回到饮冰室与孩子们玩耍。他们在花园里捉迷藏，在书房里讲故事、猜谜语，梁启超活泼得像个孩子。梁思礼是 1924 年出生的，那时梁启超已经五十一岁，在当时算是老人了，但他童心未泯，与小梁思礼玩耍，将他呼为“老 baby”，后来又称“老白鼻”。父子俩玩得不亦乐乎，梁启超经常将小梁思礼天真烂漫、令人发笑的情态，写信告诉梁思顺。

一个与孩子们亲密相处、童心不泯的慈父梁启超，就这样活生生地矗立在我们的面前。《汉书·韦贤传》中曰："遗子黄金满籯（yíng，竹笼），不如一经。”长辈留给后人的精神遗产，莫过于以身作则、言传身教。

梁启超作为家长，教育子女的经验，值得学习和借鉴。

附　录

梁启超家书

梁启超的家书，乃其教育子女的良方，一直被视为朴素经典的教育文本。读之，可见梁任公“利于国者爱之，害于国者恶之”（《晏子春秋》）的博大胸襟，以及“教之以方义，弗纳于邪”（《左传·隐公三年》）的慈父精神。梁任公将子女全部培养成了国之栋梁，以下选取十封家书，以飨读者。

1923年1月7日致梁思顺书

宝贝思顺：

我三十一夜里去上海，前晚夜里回来，在上海请法国医生诊验身体，说的确有心脏病，但初起甚微，只须静养几个月便好。我这时真有点害怕了，本来这一个星期内，打算拼命把欠下的演说债都还清，现在不敢放恣了，只有五次讲义讲完就走，每次一点钟。酒是要绝对的戒绝了，烟却不能。医生不许我多说话，不许连续讲演到一点钟以外，不许多跑路，这一着正中下怀。最要紧是多睡觉，也愿意。说这一着比吃什么药都好。

我回家后，当然一次讲演都没有，我便连日连夜睡他十来点钟，当然就会好了。你却不许挂心，挂心我就什么都不告诉你了。我本来想到日本顽顽，可巧接着日本留学生会馆来书要我去讲演，而且说日本有几个大学也打算联合来请，吓得我不敢去了。若没有病，我真高兴去。今年上半年阳历计。北京高师要请我，要和别的学校竞争，出到千元一月之报酬。可笑，我即往，亦不能受此重酬。东南学生又联合全体向我请愿，我只得一概谢绝了。回津后只好杜门不出，因为这几年演讲成了例，无论到什么地方也免不掉，只得回避了。我准十五日回家，到家尚在汝母生日前两日哩。思成和徽音已有成言，我告思成须彼此学成后乃定婚约，婚约定后不久便结婚。林家欲即行定婚，朋友中也多说该如此，你的意见怎样呢？

父谕成、永、忠。

爹爹　一月七日

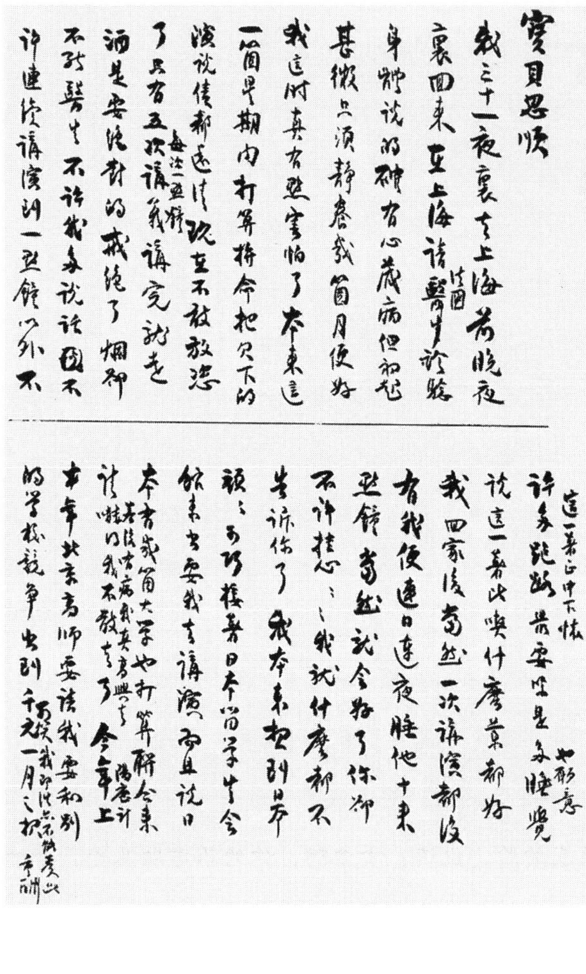
寶貝思順

我三十一夜裏去上海前晚夜裏回來 在上海請(法國)醫生診驗身體 說的確有心臟病 但初起甚微 只須靜養幾個月便好 我這回真有點害怕了 本來這一個星期內打算拚命把欠下的演說債都還清 現在不敢放恣了 只有五次講義(每次一點鐘)講完就走 酒是要絕對的戒絕了 烟卻不能 醫生不許我多說話 (因)不許連續講演到一點鐘以外 不許多跳跶 常要坐是多睡覺(也頗愜意)(這一着正中下懷) 說這一着比喫什麼藥都好 我回家後當然一次講演都沒有 我便連日連夜睡他十來點鐘 當然就會好了 你卻不許掛心 ……我就什麼都不告訴你了 我本來想到日本頑頑 可巧接着日本留學生會館來書要我去講演 而且說日本有幾個大學也打算聯合來請(若依醫者所說 我本欲去 惟因我不敢去了)(陽曆計) 今年上半年北京高師要請我 要和別的學校競爭 出到千元(可笑我現在也不能受此) 一月二日

爹爹

1923年5月8日致梁思顺书

宝贝思顺：

你看见今日《晨报》，定要吓坏了。我现在极高兴地告诉你，我们借祖功宗德庇荫，你所最爱的两位弟弟，昨日从阎王手里把性命争回。我在西山住了差不多一个月，你是知道的，昨日是你二叔生日，又是五七国耻纪念，学生示威游行，那三个淘气精都跟着我进城来了。约摸午前。十一点时候，思成、思永同坐菲律宾带来的小汽车出门，正出南长街口，被一大汽车横撞过来，两个都碰倒在地。思永满面流血，飞跑回家，大家正在惊慌失色，他说快去救二哥罢，二哥碰坏了。等到曹五将思成背到家来，脸上一点血色也没有，两个孩子真勇敢得可爱，思成受如此重伤，忍耐得住，还安慰我们；思永伤亦不轻，还拼命看护他的哥哥。眼睛也几乎定了。思忠看见两个哥哥如此，呱的一声哭起来，几乎晕死。我们那时候不知伤在何处，眼看着更无指望，勉强把心镇定了，赶紧请医生。你三姑丈和七叔乘汽车去，幸我有借来的汽车在门。差不多一点钟才把医生捉来。出事后约摸二十多分钟，思成渐渐回转过来了，血色也有了，我去拉他的手，他使劲握着我不放，抱着亲我的脸，说道：爹爹啊，你的不孝顺儿子，爹爹妈妈还没有完全把这身体交给我，我便把他毁坏了，你别要想我罢。又说，千万不可告诉妈妈。又说，姐姐在哪里，我怎样能见她？我那时候心真碎了，只得勉强说，不要紧，不许着急。但我看见他脸色回转过来，实在亦已经放心许多。我心里想，只要拾回性命，便残废也甘心。后来医生到了，全身检视一番，腹部以上丝毫无伤，只是左腿断了，随即将装载病人的汽车装来，送往医院。

初时大家忙着招呼思成，不甚留心思永何如。思永自己说没有伤，跟着看护他哥哥。后来思永也睡倒了，我们又担心他不知伤着哪里，把他一齐送到医院检查。啊啊！真谢天谢地，也是腹部以上一点（伤）没有，不过把嘴唇碰裂了一块，腿上亦微伤。不能吃东西。现在两兄弟都在协和医院同居一房，思永一个礼拜可以出院，思成约要八个礼拜。但思成也不须用手术，不须割。因为骨并未碎，只要扎紧，自会复原。今朝我同你二叔、三姑、七叔去看他们，他们哥儿俩已经说说笑笑，又淘气到了不得了。昨天中饭是你姑丈和三姑合请你二叔寿酒，晚上是我请，中饭全家都没有吃，晚饭我们却放心畅饮压惊了。我怕你妈妈着急发病，昨日一日瞒着没有报告，今朝我从医院出来，写了一封快信，又叫那两个淘气精各写一封去，大约你妈妈明天早车也要来看他们了。内中还把一个徽音也急死了，也饿着守了大半天，林家全家也跟着我们饿。如今大家都欢喜了。你二叔说，若使上帝告诉我们，说你的孩子总要受伤，伤什么地方听你自择，我们只有说是请伤这里，因为除此以外，无论伤哪里，都是不得了。我们今天去踏查他们遇险的地方，只离一寸多，便是几块大石头，若碰着头部真是万无生理。我们今天在六部口经过，见一个死尸横陈，就是昨天下午汽车碰坏的人，至今还没殡殓，想起来真惊心动魄。今年正月初二，我一出门遇着那么一个大险，这回更险万倍，到底皆逢凶化吉，履险如夷，真是徼天之幸。我本来不打算告诉你，因为《晨报》将情形登出，怕你一见吓倒，所以详细写这封信。我今日已经打了二十多圈牌了，我两三日后仍回西山，我在那里住得舒服极了。每日早起，又不饮酒。

爹爹　阳历五月八日

旧历三月廿三日

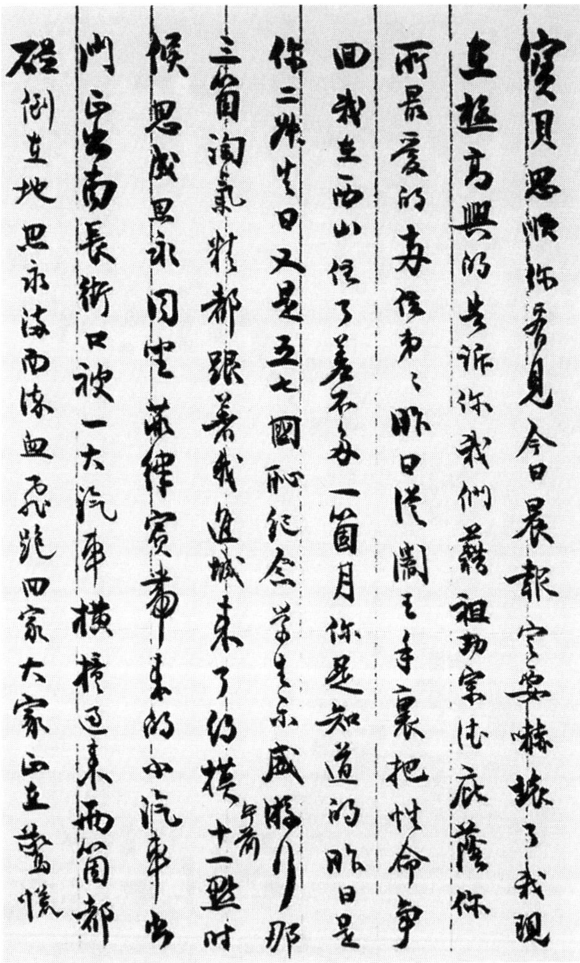

寶貝思順：你看見今日晨報，定要嚇壞了，我現在極高興的告訴你，我們託祖宗庇蔭，你所最愛的兩個弟弟，昨日從閻王手裏把性命爭回。我在西山住了差不多一個月，你是知道的。昨日是你二叔生日，又是五七國恥紀念，學生示威游行，那三個淘氣精都跟著我進城來了。約摸午前十一點時候，思成、思永同坐菲律賓帶來的小汽車出門，至南長街口，被一大汽車橫撞過來，兩個都碰倒在地，思永滿面流血，飛跑回家，大家正在驚慌

1925年4月17日致梁思顺、梁思庄书

宝贝思顺、小宝贝庄庄：

你们走后，我很寂寞。当晚带着忠忠听一次歌剧，第二日整整睡了十三个钟头起来，还是无聊无赖，几次往床上睡，被阿时、忠忠拉起来，打了几圈牌，不到十点又睡了，又睡十个多钟头。

思顺离开我多次了，所以倒不觉怎样；庄庄这几个月来天天挨着我，一旦远行，我心里着实有点难过。但为你成就学业起见，不能不忍耐这几年。

庄庄跟着你姊姊，我是十二分放心了，但我十五日早晨吩咐你那几段话，你要常常记在心里，等到再见我时，把实行这话的成绩交还我，我便欢喜无量了。

我昨天闷了一天，今日已经精神焕发，和你七叔讲了一会书，便着手著述，已成二千多字。现在十一点钟，要睡觉了，趁砚台上余墨，写这两纸寄你们。

你们在日本看过什么地方？寻着你们旧游痕迹没有？在船上有什么好玩？小斐儿曾唱歌否？我盼望你们用日记体写出，详细寄我。能出一份《特国周报》临时增刊尤妙。

我打算礼拜一入京，那时候你们还在上海呢。在京至多十日便回家，决意在北戴河过夏，可惜庄庄不能跟着，不然当得许多益处。

祝你们一路安适，两个礼拜后我就盼你们电报，四个礼拜后就会得你们温哥华来信，内中也许夹着有思成、思永信了。

十七晚　爹爹

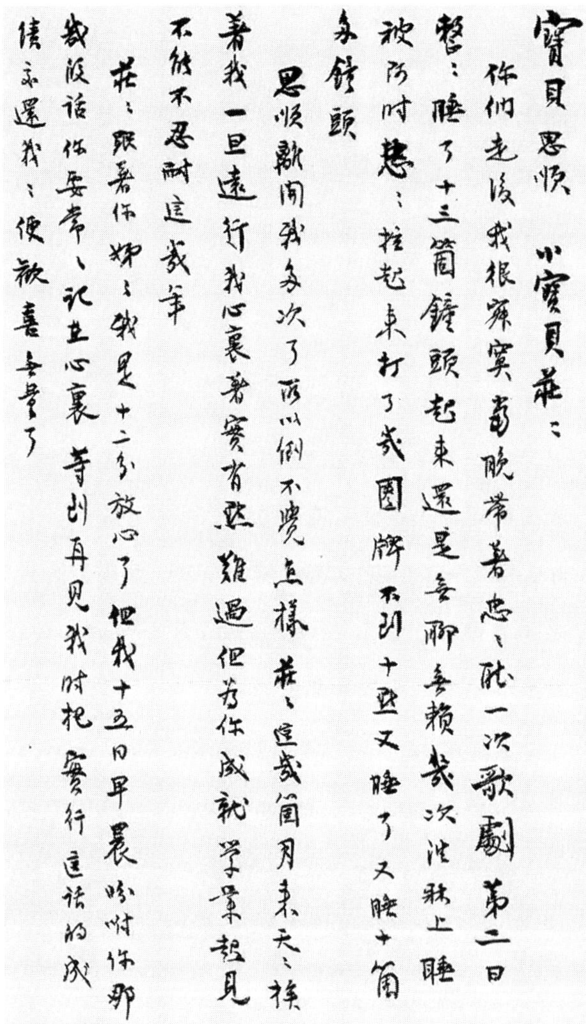
寶貝思順　小寶貝莊莊

你們走後，我很寂寞，當晚帶著忠忠聽一次歌劇，第二日整整睡了十三個鐘頭，起來還是無聊無賴，幾次往床上睡，被阿時、忠忠拉起來打了幾圈牌，不到十點又睡了，又睡十個多鐘頭。

思順離開我多次了，所以倒不覺怎樣；莊莊這幾個月來天天挨著我，一旦遠行，我心裏着實有點難過；但為你成就學業起見，不能不忍耐這幾年。

莊莊跟著你姊姊，我是十二分放心了。但我十五日早晨吩咐你那幾段話，你要常常記在心裏，等到再見我時，把實行這話的成績來還我，我便歡喜無量了。

1926年2月27日致孩子们书

孩子们：

我住医院忽忽两星期了，你们看见七叔信上所录二叔笔记，一定又着急又心疼，尤其是庄庄只怕急得要哭了。忠忠真没出息，他在旁边看着出了一身大汗，随后着点凉，回学校后竟病了几天。这样胆子小，还说当大将呢。那天王姨送达达回天津没有在旁，不然也许要急出病来。其实用那点手术，并没什么痛苦，受麻药过后也没有吐，也没有发热，第二天就和常人一样了。检查结果，既是膀胱里无病，于是医生当作血管破裂极微细的。医治，每日劝多卧少动作，说“安静是第一良药”。两三天以来，颇见起色，惟血尚未能尽止，比前好多了。而每日来看病的人络绎不绝，因各报皆登载我在德医院（除《晨报》外）。实际上反增劳碌。我很想立刻出院，克礼说再住一礼拜才放我，只好忍耐着。许多中国医生说这病很寻常，只须几服药便好。我打算出院后试一试，或奏奇效，亦未可知。

天如回电不能来，劝我到上海，我想他在吴佩孚处太久，此时来北京，诚有不便。打算吃谭涤安的药罢了。

忠忠、达达都已上学去，惟思懿原定三月一号上学，现在京、津路又不通了，只好留在清华。他们常常入城看我，但城里流行病极多，廷灿染春温病极重。恐受传染，今天已驱逐他们都回清华了，惟王姨还常常来看。二叔、七叔在此天天来看。其实什么病都没有，并不须人招呼，家里人来看亦不过说说笑笑罢了。

前两天徽音有电来，请求彼家眷属留京。或彼立归国云云。得电后王姨亲往见其母，其母说回闽属既定之事实，日内便行，大约三五日便动身。彼回来亦不能料理家事，切嘱安心求学云云。他的叔叔说十二月十五旧历。有详信报告情形，他得信后当可安心云云。我看他的叔叔很好，一定能令他母亲和他的弟妹都得所。他还是令他自己学问告一段落为是。

却是思成学课怕要稍为变更。他本来想思忠学工程，将来和他合作。现在忠忠既走别的路，他所学单纯是美术建筑，回来是否适于谋生，怕是一问题。我的计画，本来你们姊妹弟兄个个结婚后都跟着我在家里三几年，等到生计完全自立后，再实行创造新家庭。但现在情形，思成结婚后不能不迎养徽音之母，立刻便须自立门户，这便困难多了。所以生计问题，刻不容缓。我从前希望他学都市设计，只怕缓不济急。他毕业后转学建筑工程何如？我对专门学科情形不熟，思成可细细审度，回我一信。

我所望于思永、思庄者，在将来做我助手。第一件，我做的中国史非一人之力所能成，望他们在我指导之下，帮我工作。第二件，把我工作的结果译成外国文。永、庄两人当专作这种预备。

正在偷偷写信，被克礼闯进来看见，又唠叨了好些话，不写了。

二月廿七日　爹爹

今日是元宵，外边花爆声很热闹。

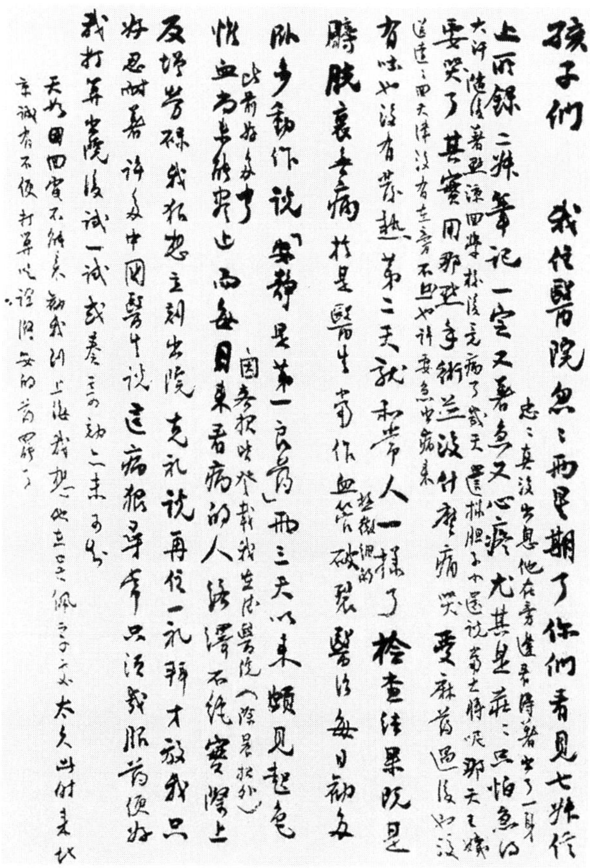
孩子們　我住醫院忽忽兩星期了，你們看見七叔信
忠忠真沒出息，他在旁邊看着出了一身
上所錄二姊筆記，一定又着急又心疼，尤其是莊莊只怕急得
大汗，隨後看那源回學校後先病了幾天，還抹胆子小，還說那天王姨
要哭了。其實用那點手術並沒什麼痛苦，受麻藥過後也沒
送達達回天津，沒有在旁，不然也許要急出病來
有嘔也沒有發熱，第二天就和常人一樣了。檢查結果既是
腎臟裏有病，於是醫生當作血管（極微細的）破裂醫治，每日勸我
臥少動作，說「安靜是第一良藥」。兩三天以來頗見起色
比前好多了
惟血尚未能停止，而每日來看病的人絡繹不絕，實際上
因為探問太多，我出院（除星期外）
反增勞碌。我私意主張出院，克禮說再住一禮拜才放我，只
好忍耐着。許多中國醫生說這病很尋常，只須服藥便好，
我打算出院後試一試
天如回四川不能來，勸我們上海找
辛誠有不便，打算叫

1927年1月2日致孩子们书

孩子们：

今天总算我最近两个月来最清闲的日子，正在一个人坐在书房里拿着一部杜诗来吟哦。思顺十一月廿九、十二月四日，思成十二月一日的信，同时到了，真高兴。

今天是阳历年初二，又是星期，所有人大概都进城去了。我昨天才从城里回来。达达、司马懿、六六三天前已经来了。今天午饭后他们娘娘带他们去逛颐和园，老郭、曹五都跟去，现在只剩我和小白鼻看家。

写到这里，他们都回来了。满屋子立刻喧闹起来，和一秒钟以前成了两个世界。

你们十个人，刚刚一半在那边，一半在这边，在那边的一个个都大模大样，在这边的都是"小不点点"，真是有趣。

相片看见了，很高兴。庄庄已经是个大孩子了，为什么没有戴眼镜？比从前漂亮得多。思永还是那样子。思成为什么这样瘦呢？像老了好些。思顺却像更年轻了。桂儿、瞻儿那幅不大清楚，不甚看得出来。小白鼻牵着冰车好顽极了，老白鼻绝对不肯把小儿子让给弟弟，和他商量半天，到底不肯，只肯把烂名士让出一半。老白鼻最怕的爹爹去美国，比吃泻油还怕。他把这小干儿子亲了几亲，连冰车一齐交给老郭替他"收收"了。

以下说些正经事。

思成信上说徽音二月间回国的事，我一月前已经有信提过这事，想已收到。徽音回家看他娘娘一趟，原是极应该的，我也不忍阻止，但以现在情形而论，福州附近很混乱，交通极不便，有好几位福建朋友想回去也回不成。最近三几个月中，总怕恢复原状的希望很少，若回来还是蹲在北京或上海，岂不更伤心吗？况且他的娘，屡次劝他不必回来，我想还是暂不回来的好。至于清华官费，若回来考，我想没有考不上的。过两天我也把招考章程叫他们寄去，但若打定主意不回来，则亦用不着了。

思永回国的事，现尚未得李济之回话。济之三日前。已经由山西回到北京了，但我刚刚进城去，还没有见着他。他这回采掘大有所获，捆载了七十五箱东西回来，不久便在清华考古室今年新成立。陈列起来了，这也是我们极高兴的一件事。思永的事，我本礼拜内准见着他，下次的信便有确答。

忠忠去法国的计画，关于经费这一点毫无问题，你只管预备着便是。

思顺们的生计前途，却真可忧虑，过几天我试和少川切实谈一回，但恐没有什么办法，因为使领经费据我看是绝望的，除非是调一个有收入的缺。

司法储才馆下礼拜便开馆，以后我真忙死了，每礼拜大概要有三天住城里。清华功课有增无减，因为清华寒假后兼行导师制，这是由各教授自愿的，我完全不理也可以，但我不肯如此。每教授担任指导学生十人，大学部学生要求受我指导者已十六人，我不好拒绝。又在燕京担任有钟点，燕京学生比清华多，他们那边师生热诚恳求我，也不好拒绝。真没有一刻空闲了。但我体子已完全复原，两个月来旧病完全不发，所以很放心工作去。

上月为北京学术讲演会作四次公开的讲演，讲坛在旧众议院，每次都是满座，连讲两三点钟，全场肃静无哗，每次都是距开讲前一两点钟已经人满。在大冷天气，火炉也开不起，而听众如此热诚，不能不令我感动。我常感觉我的工作，还不能报答社会上待我的恩惠。

我游美的意思还没有变更，现在正商量筹款，大约非有万金以上不够，美金五千。若想得出法子，定要来的，你们没有什么意见吧？

时局变迁极可忧，北军阀末日已到，不成问题了。北京政府命运谁也不敢作半年的保险，但一党专制的局面谁也不能往光明上看……

思顺们的留支似已寄到十一月，日内当再汇上七百五十元，由我先垫出两个月，暂救你们之急。

寄上些中国画给思永、忠忠、庄庄三人挂挂书房。思成处来往的人，谅来多是美术家，不好的倒不好挂，只寄些影片，大率皆故宫所藏名迹也。

现在北京灾官们可怜极了。因为我近来担任几件事，穷亲戚穷朋友们稍为得点缀。十五舅处东拼西凑三件事，合得二百五十元，可以实得到手。勉强过得去。你妈妈最关心的是这件事，我不能不尽力设法。其余如杨鼎甫也在图书馆任职得百元，黑二爷在储才馆。也得三十元，玉衡表叔也得六十元。许多人都望之若登仙了。七叔得百六十元，延灿得百元，和别人比较，其实都算过份了。

细婆近来心境渐好，精神亦健，是我们最高兴的事。现在细婆、七婶都住南长街，相处甚好，大约春暖后七叔或另租屋住。

老白鼻一天一天越得人爱，非常聪明，又非常听话，每天总逗我笑几场。他读了十几首唐诗，天天教他的老郭念，刚才他来告诉我说:“老郭真笨,我教他念《少小离家》,他不会念,念成‘乡音无改把猫摔’!”他一面说一面抱着小猫就把那猫摔下地,惹得哄堂大笑。他念:“两人对酌山花开,一杯一杯又一杯。我醉欲眠君且去,明朝有意抱琴来。”总要找一个人和他对酌,念到第三句便躺下,念到第四句便去抱一部书当琴弹。诸如此类每天趣话多着哩。

我打算寒假时到汤山住几天,好生休息,现在正打听那边安静不安静。我近来极少打牌,一个月打不到一次,这几天司马懿来了,倒过了几回桥。酒是久已一滴不入口,虽宴会席上有极好的酒,看着也不动心。写字倒是短不了,近一个月来少些,因为忙得没有工夫。

(民国)十六年一月二日　爹爹

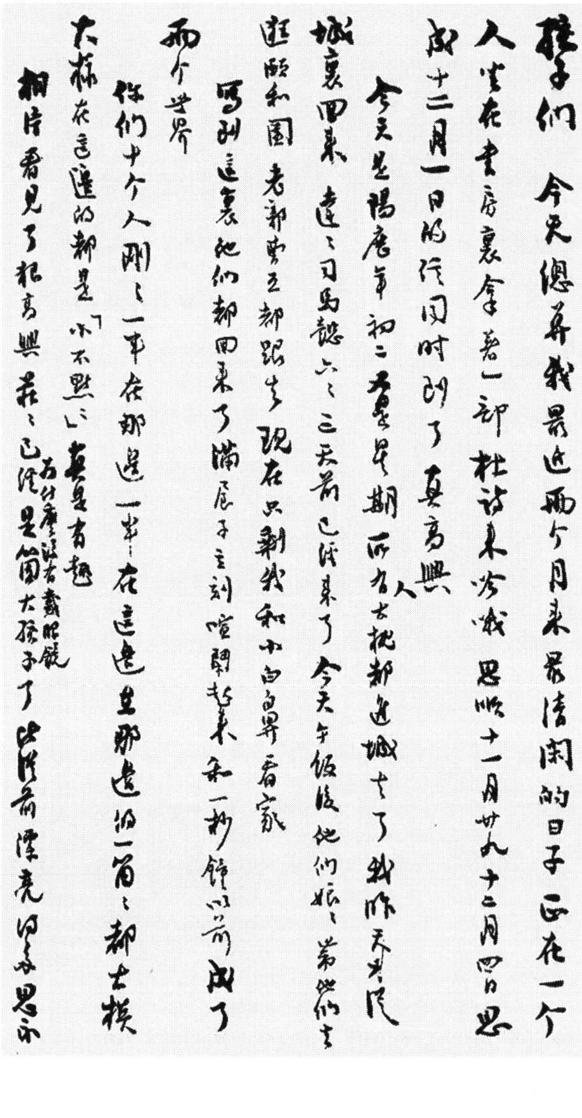
孩子们 今天总算我最近两个月来最清闲的日子 正在一个人坐在书房里拿着一部杜诗来吟哦 思顺十一月廿九十二月四日两函十二月一日的信同时到了真高兴

今天是阳历年初二 星期 所有大批人都进城去了 我昨天从城里回来 达达同司马懿六六三天前已经来了 今天午饭后他们姊姊弟弟们去逛颐和园 老郭要王都跟去 现在只剩我和小白鼻看家

写到这里他们都回来了 满屋子立刻喧闹起来 和一秒钟以前成了两个世界

你们十个人刚刚一半在那边一半在这边 这边生那边长的一个个都大模大样 在这边的都是「小不点点」 真是有趣 为什么没有戴眼镜

相片看见了很高兴 庄庄已经是个大孩子了 达达比从前漂亮的很 思永

1927年10月29日致孩子们书

孩子们：

又像许久没有写信了，近一个月内连接顺、忠、庄好多信，独始终没有接到思成的，令我好生悬望。每逢你们三个人的信到时，总盼着一两天内该有思成的一封，但希望总是落空。今年已经过去十个月了，像仅得过思成两封信，最多三封。我最不放心的是他，偏是他老没有消息来安慰我一下，这两天又连得顺、忠的信了，不知三五天内可有成的影子来。

我自从出了协和，回到天津以来，每日在起居饮食上十二分注意，食品全由王姨亲手调理，睡眠总在八小时以上，心思当然不能绝对不用，但常常自己严加节制。大约每日写字时间最多，晚上总不做什么工作，“赤化”虽未能骤绝，但血压逐渐低下去，总算日起有功。

我给你们每人写了一幅字，写的都是近诗，还有余樾园给你们每人写一幅画，都是极得意之作。正裱好付邮，邮局硬要拆开看，认为贵重美术品要课重税，只好不寄，替你们留在家中再说罢。另有扇子六把，希哲、思顺、思成、徽音、忠忠、庄庄各一。已经画好，一两天内便写成，即当寄去。

思成已到哈佛没有？徽音又转学何校？我至今未得消息，不胜怅望。你们既不愿意立即结婚，那么总以暂行分住两地为好，不然生理上、精神上或者都会发生若干不良的影响。这虽是我远地的幻想，或不免有点过忧。但这种推理也许不错，你们自己细细测验一下，当与我同一感想。

我在这里正商量替你们行庄重的聘礼，已和卓君庸商定，大概他正去信福州，征求徽音母亲的意见，一两星期内当有回信了。届时或思永、福鬘的聘礼同时举行亦未可知。

成、徽结婚的早晚，我当然不干涉。但我总想你们回国之前，先在欧洲住一年或数月，因为你们学此一科，不到欧洲实地开开眼界是要不得的。回国后再作欧游谈何容易。所以除了归途顺道之外，没有别的机会。既然如此，则必须结婚后方上大西洋的船，殆为一定不易的办法了。我想明年暑假后你们也应该去欧洲了，赶紧商议好，等我替你们预备罢。

还有一段事实不能不告诉你们——若现在北京主权者不换人，你们婚礼是不能在京举行的，理由不必多说，你们一想便知，若换人时，恐怕也带着换青天白日旗。北京又非我们所能居了，所以北京恐怕到底不是你们结婚的地点。

忠忠到维校之后来两封信，都收到了。借此来磨练自己的德性，是再好不过的了，你有这种坚强志意真令我欢喜，纵使学科不甚完备，也是值得的，将来回国后，或再补入国内。某个军官学校都可以。好在你年纪轻，机会多着呢。

你加入政治团体的问题，请你自己观察，择其合意者便加入罢。我现在虽没有直接作政治活动，但时势逼人，早晚怕免不了再替国家出一场大汗。现在的形势，我们起他一个名字，叫作“党前运动”——许多非国民党的团体要求拥戴领袖作大结合，大概除了我，没有人能统一他们。我认为时机未到，不能答应，但也不能听他们散漫无纪。现在办法，拟设一个虚总部秘密的——不直接活动而专任各团体之联络——大抵为团体，公开的。如美之各联邦，虚总部则如初期之费城政府，作极稀松的结合，将来各团事业发展后，随时增加其结合之程度。你或你的朋友也不妨自立一“邦”，和现在各“邦”同暗隶于虚总部之下，将来自会有施展之处。我现在只能给你这点暗示，你自己斟酌进行罢。

以上十月廿九日写

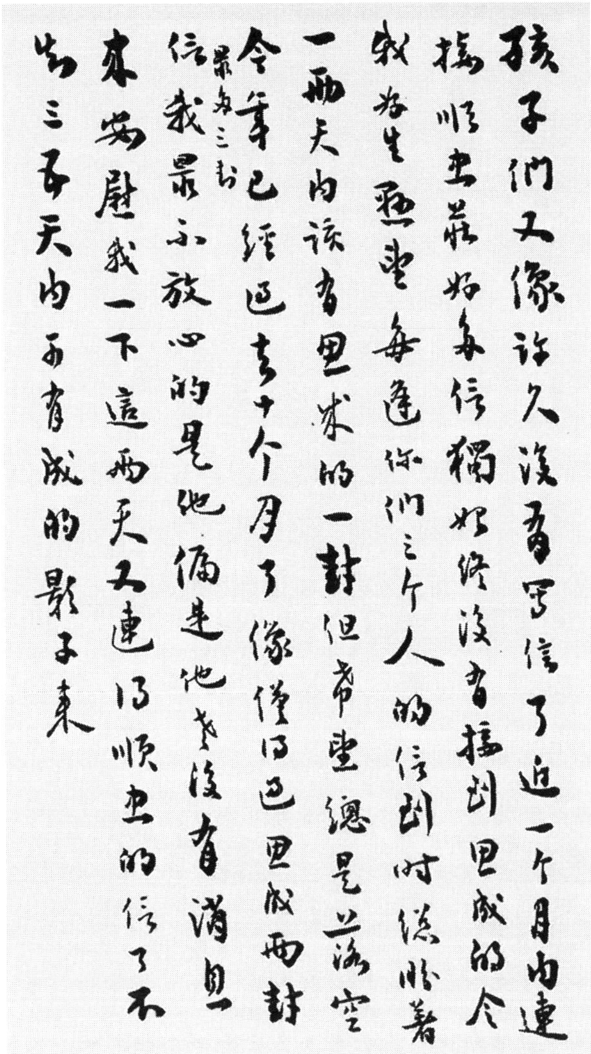

孩子們又像許久沒有寫信了，這一個月內連接順兒、莊兒好幾信，獨始終沒有接到思成的，令我好生懸望。每逢你們三個人的信到時總盼著一兩天內該有思永的一封，但常常總是落空。今年已經過去十個月了，像僅得過思成兩封（思永三封）信，我最不放心的是他，偏是他老沒有消息來安慰我一下。這兩天又連得順兒的信了，不出三五天內再有成的影子來。

1927年11月23日致孩子们书

孩子们：

有顶好消息报告你们。我自出了协和以来，真养得大好而特好，一点药都没有吃，只是如思顺来信所说，拿家里当医院，王姨当看护，严格的从起居饮食上调养。一个月以来，“赤化”像已根本扑灭了，脸色一天比一天好，体子亦胖了些。这回算是思永做总司令，王姨执行他的方略，若真能将宿病从此断根，他这回回家，总算尽代表你们的职守了。我半月前因病已好，想回清华，被他听见消息，来封长信说了一大车唠叨话，现在暂且中止了。虽然著述之兴大动，也只好暂行按住。

思顺这次来信，苦口相劝，说每次写信便流泪。你们个个都是拿爹爹当宝贝，我是很知道的，岂有拿你们的话当耳边风的道理。但两年以来，我一面觉得这病不要紧，一面觉得他无法可医，所以索性不理会他，今既证明有法可医，那么我有什么不能忍耐呢？你们放下十二个心罢。

却是因为我在家养病，引出清华一段风潮，至今未告结束。依思永最初的主张，本来劝我把北京所有的职务都辞掉，后来他住在清华，眼看着惟有清华一时还摆脱不得，所以暂行留着。秋季开学，我到校住数天，将本年应做的事，大略定出规模，便到医院去。原是各方面十分相安的，不料我出院后几天，外交部有改组董事会之举，并且章程上规定校长由董事中互选，内中头一位董事就聘了我。当部里征求我同意时，我原以不任校长为条件才应允，虽然王荫泰对我的条件没有明白答覆认可。不料曹云祥怕我抢他的位子，便暗中运动教职员反对，结果只有教员朱某一人附和他。我听见这种消息，便立刻辞职。他也不知道，又想逼我并清华教授也辞去，好同清华断绝关系。于是由朱某运动一新来之研究院学生年轻受骗。上一封书匿名。说，院中教员旷职，请求易人。老曹便将那怪信油印出来寄给我，讽示我自动辞职。不料事为全体学生所闻，大动公愤，向那写匿名信的新生责问，于是种种卑劣阴谋尽行吐露，学生全体跑到天津求我万勿辞职。并勿辞董事。恰好那时老曹的信正到来，我只好顺学生公意，声明绝不自动辞教授，但董事辞函却已发出，学生们又跑去外交部请求，勿许我辞。他们未到前，王外长的挽留函也早发出了。他们请求外部撤换校长及朱某，外部正在派员查办中，大约数日后将有揭晓。这类事情，我只觉得小人可怜可笑，绝不因此动气。而且外部挽留董事时，我复函虽允诺，但仍郑重声明以不任校长为条件，所以我也断不至因这种事情再惹麻烦，姑且当作新闻告诉你一笑罢。

我近来最高兴的是得着思成长信，知道你的确还是从前那活泼有春气的孩子，又知道身体健康也稍回复了——但因信中有“到哈佛后已不头痛”那句话，益证明我从前的担心并非神经过敏了。你若要我绝对放心，务要在寒假期内找医生精密检查，看是否犯了神经衰弱的病，若有一点不妥，非把他根本治好不可！你这样小小年纪，若得了一种痼疾，不独将来不能替国家社会做事，而且自己及全家庭都受苦痛。这件事我交给思顺替我监督着办，三个月后我定要一张医生诊断书看着才放心的。

思成的《中国宫室史》当然是一件大事业，而且极有成功的可能，但非到各处实地游历不可——大抵内地各名山、唐宋以来建筑物全都留存的尚不少，前乎此者也有若干痕迹——但现在国内情形真是一步不可行，不知何时才能有这种游历机会。思永这回种种计画都成泡影，恐以后只有更坏，不会往好处看，你回来后恐怕只能在北京城圈内外做工作，好在这种工作也够你做一两年了。

十二点过了，王姨干涉了好几次了，明天再写吧。

以上十一月廿三日

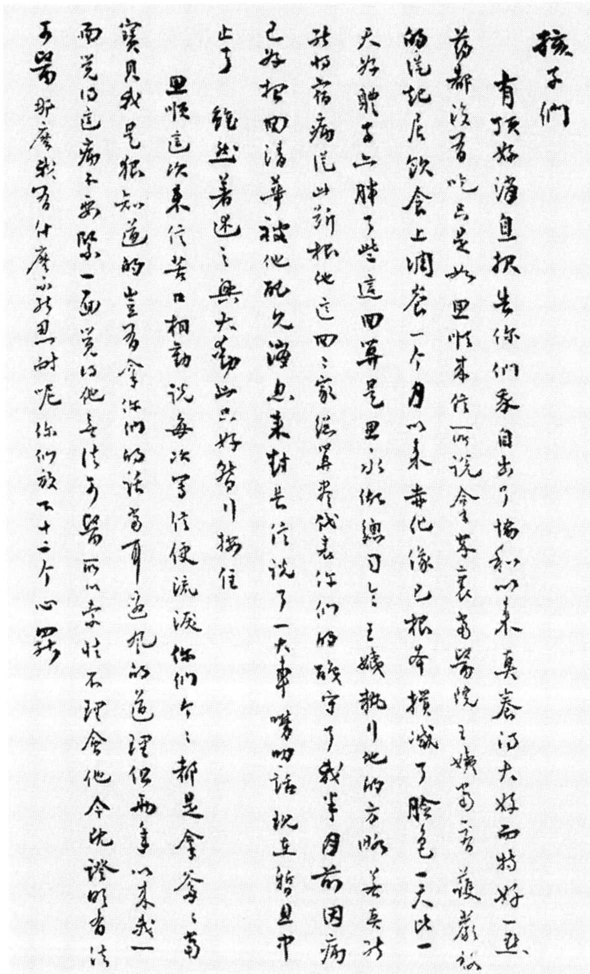
孩子们：

有顶好消息报告你们，爹自出了协和以来，真养得大好而特好，一点病都没有，吃东西是如思永来信所说，全家袁宿医院王姨当看护，薤(?)藏的范围，起居饮食上调养一个月以来，毒化像已根本损减了，脸色一天比一天好，脸也胖了些，这回算是思永他总日日王姨执行他的方略，甚是有功。我的病从此断根，他这回家须算是代表你们的孝字了。我半月前因病已好，把回清华被他就又消息来对告他说了一大车嘱咐话，现在暂且中止了。

纵然著述之兴大勃，也只好暂行搁住。

思顺这次来信苦口相劝，说每次写信便流泪，你们个个都是爹爹的宝贝，我是很知道的，岂有拿你们的话当耳边风的道理。但两年以来我一面觉得这病不要紧，一面觉得他无法可医，所以索性不理会他。今既证明有法可医，那么我有什么不注意呢？你们放下十二个心罢。

1927年12月18日致梁思成书

思成：

这几天为你行聘礼，我精神上非常愉快，你想，从抱在怀里“小不点点”还经过千灾百难的。一个孩子盘到成人，品性、学问都还算有出息，眼看着就要缔结美满的婚姻，而且不久就要返国，回到我的怀里，如何不高兴呢？今天北京家里典礼极庄严热闹，天津也相当的小小点缀，我和弟弟妹妹们极快乐的顽了半天。想起你妈妈不能小待数年，看见今日，不免起些伤感，但他脱离尘恼，在彼岸上一定是含笑的。除在北京由二叔正式告庙外，思永在京跟着二叔招呼一切。今晨已命达达专在神位前默祷达此诚意。

我主张你们在坎京行礼，你们意思如何？我想没有比这样再好的了。你们在美国两个小孩子自己实张罗不来，且总觉太草率，有姊姊代你们请些客，还在中国官署内行谒祖礼，婚礼还是教堂内好。才庄严像个体统。

婚礼只要庄严不要侈靡，衣服首饰之类，只要相当过得去便够，一切都等回家再行补办，宁可撙节下点钱作旅行费。

你们由欧归国行程，我也盘算到了。头一件我反对由西伯利亚路回来，因为野蛮残破的俄国，没有什么可看，而且入境出境，都有种种意外危险。到满洲里车站总有无数麻烦。你们最主要目的是游南欧，从南欧折回俄京搭火车也太不经济，想省钱也许要多花钱。我替你们打算：到英国后折往瑞典、挪威一行，因北欧极有特色，市政亦极严整有新意，新造之市，建筑上最有意思者为南美诸国，可惜力量不能供此游，次则北欧特可观。必须一往。由是入德国，除几个古都市外，莱因河畔著名堡垒，最好能参观一二。回头折入瑞士看些天然之美。再入意大利，多耽搁些日子，把文艺复兴时代的美彻底研究了解。最后便回到法国，在玛赛上船。到西班牙也好，刘子楷在那里当公使，招呼极方便。中世及近世初期的欧洲文化实以西班牙为中心。中间最好能腾出点时间和金钱到土耳其一行，看看回教的建筑和美术，附带着替我看看土耳其革命后政治。关于这一点，最好能调查得一两部极简明的书（英文的）回来讲给我听听。

思永明年回美，我已决定叫他从欧洲走。但是许走西伯利亚路，因为去比来的危难较少。最好你们哥儿俩约定一个碰头地方，大约以使馆为通信处最便。你们只要大概预定某月到某国，届时思永到那边使馆找你们便是。

从印度洋回来，当然以先到福州为顺路，但我要求你们先回京、津，后去福州。假使徽音在闽预定仅住一月半月，那自然无妨。但我忖度情理，除非她的母亲已回北京，否则徽一定愿意多住些日子，而且极应该多住。那么必须先回津，将应有典礼都行过之后，你才送去。你在那边住个把月便回来，留徽在娘家一年半载，则双方仁至义尽。关于这一点，谅来你们也都同意。

十二月十八日　爹爹

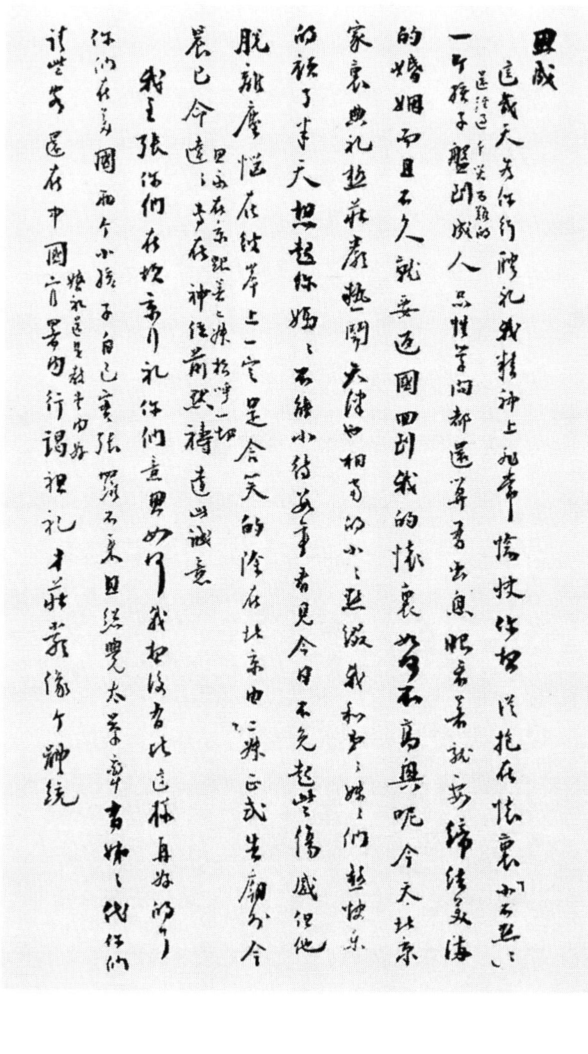

思成：

这几天为你们聘礼，我精神上非常愉快。你想，从抱在怀里“小不点点”（这是从前我常常叫你们的名字）一个孩子（这话已十余年不用的）盘到成人，品性学问都还算有出息，眼看着就要缔结美满的婚姻，而且不久就要返国，回到我的怀里，如何不高兴呢？今天北京家里典礼极庄严热闹，天津也相当的小小点缀，我和弟弟妹妹们极快乐的玩了半天。想起你妈妈不能小待几年，看见今日，不免起些伤感，但他脱离尘恼，在彼岸上一定是含笑的。除在北京由二叔正式告庙外（思永在京既未[illegible]一切），今晨已命达达等在神位前默祷达此诚意。

我主张你们在坎京行礼，你们意思如何？我想没有比这样再好的了。你们在美国两个小孩子自己实张罗不来（婚礼还是教堂内好），且总觉得太草率。有姊姊代你们请些客，还在中国官署内行谒祖礼，才庄严像个体统。

1928年1月22日致孩子们书

孩子们：

我这封信叫思永写的，你们不要奇怪，为什么我自己不写，因为才从医院出来，要拿笔怕你们干涉，所以口讲叫思永写。又因为我就想著一本小书，口述叫思永写，现在练习试试。

你们这些孩子真是养得娇，三个礼拜不接到我的信就噘嘴了，想外面留学生两三个月不接家信不算奇怪。我进医院有三个礼拜了，再不写信，你们又不知道怎么抱怨了，所以乘今天过年时，和你们谈谈。

这回在医院里经过的情形，思永已报告过了。本来前四天已要退院，忽然有点发烧，被医生留着，昨天还是像前年达达那样要求医生放假出来过年，因为热度没有十分退，不过出来很好，坐火车后，热度反退了一度，一直到今天，人非常精神。这回住医院的结果，他们治疗的方针很有点变更，专注重补血。自从灌了两回血之后，很有功效，我最高兴的是他们不叫我吃素了，连鸡蛋都一天给我两个吃了。但是他们虽说蛋白质可吃，却劝不要吃大多，却是算来在家里所吃的肉品比在医院里还少，所以往后养病，对食品没有什么克苦，还与从前一样。

医生说工作是可以做的，不过要很自由的，要放下就放下，但是有固定的职务的事，是不相宜的，所以我决计把清华都辞脱了。以后那就依着医生的话，要做什么工作，高兴一天做三两点钟。总之，极力从“学懒”的方面来做，虽然不甘心当这“老太爷的生活”，只好勉强一年几个月再说。

我想忠忠和庄庄两人要格外噘嘴，因为我前几封几乎完全讲关于思成的事，完全没有理会到他们。不过这封信还是从思成他们的事说起。

思成、徽音婚礼的事，定了没有？我希望还是依我前头几封信那样办。思成这回的信说是要五千国币或三千美金，我可以给他。前头寄去给思顺的钱，通共一万六千，现在把最末的一千提出来，剩下一万五千做资本就是了。过一两天我再寄一千美金去，共二千，还有一千就请希哲变把戏，谅来他总有本事可以变出来！至于庄庄今年的学费，不久我这边还可筹资本过来，大概两三个月内，或者再汇一二千添上资本去。到下半年保险费也来了，得到手之后，也要全部寄希哲经理的，谅来虽然现在提开二千美金，我看希哲有办法了得了罢。

思成这回去游欧洲，是你的学问上一部分很重要的事业，所以我无论怎样困难，你们的游费总想供给得够才行。这回之后，我做爹爹的义务就算尽完了。我想你到去的地方，除了美、德、法之外，是北部的瑞典、挪威，南部的西班牙、土耳其。只要能去，虽然勉强，我还是希望你到这几个地方看看。回来的时候，不要搭西伯利亚铁路，总是走印度洋的好。因为由俄国来的。入境时青年男女极危险的，所以这笔钱是省不了的。你们细细打听，做通盘预算，看要用多少钱。我想有了三千，再加清华一千，你们旅行中要过苦点的日子，或者可以够了。若是徽音家里，依着成的信，可以贴补点钱，那是更好了，就是不能，勉强这四千何如？实在不够时我再勉力，我看也未尝不可以罢。

北京图书馆要买的书，我已叫他们把书单和支票赶紧寄加拿大总领事馆了。钱在伦敦银行才可以支。我想这些书大多在欧洲买，而且钱到时，你们已快离美洲了，美洲的书不用买了。书单是三个人开来的，只是供你参考，最后的还是你决定。我的意思，以买美术基本常识的书为主，或者希见难得的书碰机会买些。总而言之，以买基本书为主，无论英、法、德文都可以。

希哲真能干，他若是依着思顺来的信，在那边三年，我们家里以后的生计问题都可以解决了。股份的去留都完全由他，无须写信来问，问了我也不清楚。

思顺，你现在在有身的时候，要自己格外保养，因为前一回的时候，你妈妈可以跑去，现在你一个在外面，我同王姨都很担心。你来信说希哲很管你,我说很该。你说老白鼻和你，爹爹是不会骂的，不过老白鼻最怕爹“瞪眼”，你以后要不听希哲话，他写信来告你时，我也要“瞪眼”哩！

庄庄，你胖到这样怎么了？我们现在都想象你的身圆溜溜的样子。前几天娘娘还给你寄些衣服去，你穿得穿不得？你现在功课比从前忙多了。过了暑假后，也渐渐格外专门，怕比从前更忙。你的体子本来还好，我也不十分担心，不过也要节制。每日要拿出几点钟来，每礼拜拿出天罢来玩玩。因为做学问，有点休息,从容点,所得还会深点,所以你不要只埋头埋脑做去。

暑假后，你若想到美国去，三哥也已回去了，跟着你三哥也很好，若是你觉得你们这学校很好，不愿离开，或者你学校的先生们都愿你在那儿毕业，就在那儿读完也可以的。因为想来你姊姊一两年内不会离开加拿大。这样,你或留坎留美，在那边开个家庭会议决定罢。

忠忠挨打想该挨完了罢？你到底预备在维校几年？我想

你在威校学的政治，总要弄到毕业才好。维校完了之后，还回去威校一年，你的意思怎样？我不久就要出一本小册子，讲我政治上的主张，其中讲军事的也很多，大概在暑假前后就可以出来，你看见之后一定加增许多勇气，还可以指导你一条路。你要的书，因为灿哥在北京的时候多，没有交他寄去，以后看见这些书时，给你寄去就是了。

好几年都是在外边过的“野年”，今年可算是在家过年，险些儿被医院扣留了。现在回到家很高兴，孩子们这边这半。得了压岁钱，十分高兴，不过“过了几回桥”，又给我得回来不少，还要赶绵羊，老白鼻做庄，输了钱，大声哭起来了。

桂儿，你们盂城好玩不好玩？老白鼻有一天问公公说：“我的干姑娘为什么用我做干爹？”这是老白鼻自己的话。公公实在答不出来，你写封“安禀”来，详细地把理由告诉他罢。

瞻儿，我听说你在学校里，老把第一把交椅把着不肯让给别人，公公高兴得很。你每天在学校里出来多玩回罢，不然以后真要变成书呆子了。

斐儿，我听说你会弹琴了。你快弹一个，用无线电打回来，公公这里有收音机，我同老白鼻也要听听。

公公

爹爹思永代笔　正月二十二日

这封虽然是我写的，却是里边的话几乎一个一个字都是爹爹。这就的记下来的诺尔德（note），懒得再抄一遍，请你们对付着看罢。

思永

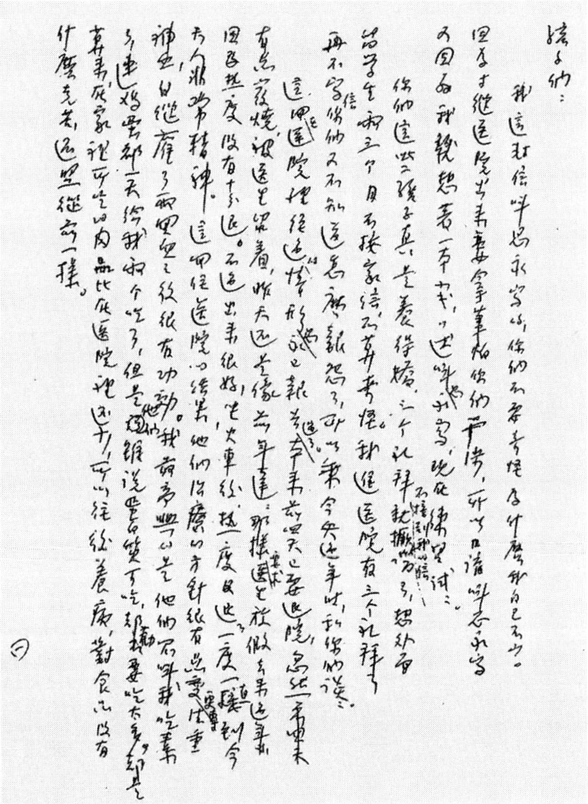
孩子們：

我這封信叫思永寫的，你們不要奇怪為什麼我自己不寫。因為才從醫院出來，要安靜[illegible]，怕你們[illegible]，所以口講叫思永寫。又因為我[illegible]，現在[illegible]。你們這些孩子真是[illegible]，三個禮拜[illegible]，想外面的學生，兩三個月不接家信，不算奇怪。我從醫院有三個禮拜再不寫信，你們又不知道怎麼驚慌了，所以來今天[illegible]，和你們談談。

這回醫院裡[illegible]，有點發燒，[illegible]，昨天還是[illegible]，因為熱度沒有十分退。不過出來很好，[illegible]熱[illegible]又退了一度，一直到今天，可以[illegible]非常精神。這回住醫院的結果，他們治療的方針很有[illegible]，自從[illegible]了兩個星期很有功效。[illegible]他們不叫我吃藥了，[illegible]每天給我兩個吃了，但[illegible]，都要吃太多，都是[illegible]，原來家裡所吃的[illegible]比在醫院裡[illegible]，所以往後養病，飲食[illegible]沒有什麼忌諱，還照從前一樣。

（一）

1928年2月12日致梁思成书

思成：

得姊姊电，知你们定三月行婚礼，想是在阿图和吧？不久当有第二封信了。故宫委员事，等第二电来再定办法。

国币五千或美金三千可以给你，详信已告姊姊。在这种年头，措此较大之款，颇觉拮据。但这是你学问所关，我总要玉成你，才尽我的责任。除此间划拨那二千美金外，剩下一千，若姊姊处凑不出这数目，你们只好撙节着用，或少到一两处地方罢了。我前几封信都主张你们从海道回国，反对走西伯利亚铁路，但是若为省钱计，我也无可无不可。若走西伯利亚，要先期告我，等我设法，令你们入境无阻滞。

你脚踏到欧陆之后，我盼望你每日有详细日记，将所看的东西留个印象，凡注意的东西都留他一张照片。可以回来供系统研究的资料。若日记能稍带文学的审美的性质，回来我替你校阅后可以出版，也是公私两益之道。

今寄去名片十数张，你到欧洲往访各使馆时可带着投我一片，问候他们，托其招呼，当较方便些。你在欧洲不能不借使馆作通信机关，否则你几个月内不会得着家里人只字了。

你到欧后，须格外多寄些家信，明信片最好。令我知道你一路景况。

此外，还有许多话叫思永告诉你，想已收到了。

二月十二日　爹爹

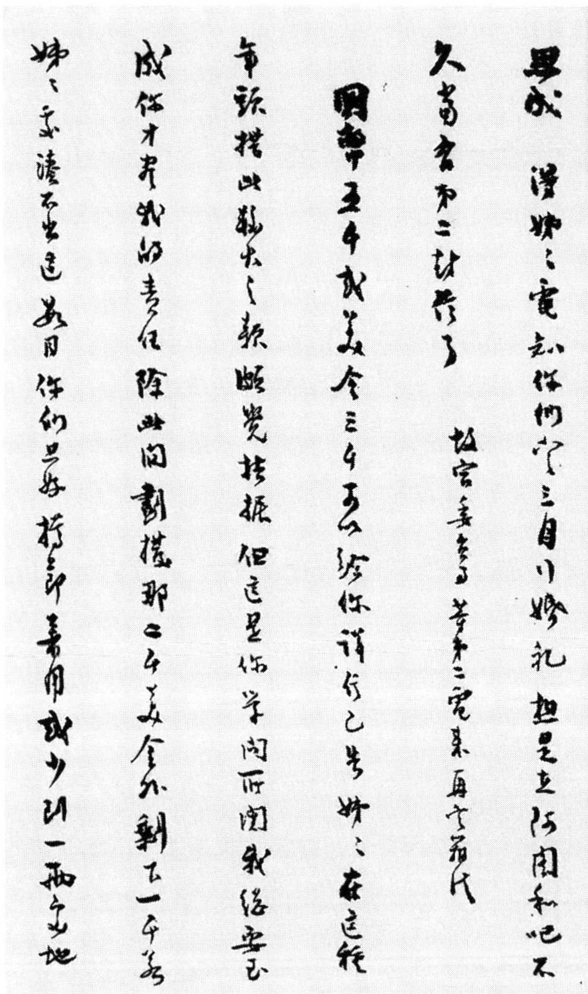

思成 得姊姊電知你們定三月廿一日婚禮 想是在阿圖和吧 不
久當有第二封信了
故宮委員事 等第二電來再定名氏
關幣五千我美金 今三千五已給你 請你已先 姊姊在這種
年頭搭此數大不容易 斷覺拮据 但這是你學問所關 我總要玉
成你才盡我的責任 除此開劃撥那二千美金外 剩五一千美
姊姊來讀書出遊數目 你們只好撙撙節節着用 我少則一兩個月地

跋

为“知名当世，所至有声”者画像

“知名当世，所至有声”，出自欧阳修《岘山亭记》，赞誉对社会做过贡献的人将被历史铭记，正如《千字文》中之“似兰斯馨，如松之盛”，美名永远流传。

梁启超是近代中国著名的政治家、思想家和文化大师，在戊戌变法时横空出世，后在历史舞台上活跃三十余年。梁启超对中国的历史、政治、文化产生过重要的影响，他最先提出“中华民族”的概念，足可彪炳千秋。

本书没有全面讲述这位被国内外都极为关注的复杂的历史人物的一生，只是力图呈现他流亡海外归国后，住进天津自建的寓所和书斋饮冰室，直至辞世近十五年的生命状态。饮冰室是梁启超生命的最后驿站。

笔者 20 世纪 40 年代初生于天津旧意租界马可波罗广场之东的别墅里，离饮冰室书斋不远。童年时，祖父逢年过节总要带我到饮冰室书斋，给梁启超遗孀王桂荃奶奶拜年。其中有一次，我们还遇到梁启超之女梁思懿在场。六旬的王奶奶会抓一把日式糖果，塞到我的衣袋，或剥一橘子让我吃。我们告辞时，王奶奶总要下楼，通过宽大的园子送到大门口，她那慈祥的微笑、周到的礼数，给我留下了深刻的印象。

20 世纪 50 年代一个夏天，我的叔叔——北大毕业，不能忍受笔者奶奶包办婚姻，逃婚到了台湾——经香港回到天津探亲，又带我去拜访王奶奶。王奶奶告诉叔叔，他们全家一致同意，将梁任公留下的珍贵手稿近四百种计八千多页，全部捐给了北京图书馆（1998 年更名为国家图书馆）。

后来我们两家同年移居北京。我家住东单，王奶奶住西单，“文革”后两家永远失去联系。

笔者祖父一生，对大他几岁的梁任公极为推崇，书房内存有《饮冰室文集》，祖父能流畅地背诵其《新民说》。受祖父影响，笔者上中学始读梁任公的文章，虽无缘与前辈谋面，得其耳提面命，但从幼时便熟悉那偌大花园里充满神秘气息的饮冰室，竟也觉得与梁任公并不陌生。长期读其作品，精神濡染，文气滋养，让笔者一生受益。

早就有为大师作传的念头，但梁任公毕竟是辞世多年的人物，我了解并不多。我长期在人民文学出版社工作，从老同事聂绀弩、老领导楼适夷和严文井那里得到了不少关于梁任公的信息和臧否，而且社里关于梁任公的图书资料和相关资料非常丰富，但因工作繁忙，我一直无暇动笔。退休之后，经过十多年的准备，我撰写《民国清流》系列中的《走出晚清：大师们的涅槃时代》一卷时，便是以梁启超为主角的。我创作时，倾注了极大的热情，不吝笔墨，以激扬文字为其画像。

如今，我撰写《梁启超在饮冰室》一书时，愈发觉得自称“中国近代史少了一个梁启超，就要重写”的历史老人，是如此熟稔、亲切。我仿佛在与他畅谈他在饮冰室的过往经历，听他娓娓讲述饮冰室里鲜为人知的史事。

本书既然决定要形象地呈现梁任公的真实面貌和生命形态，力求达到梁任公“画我像我”的艺术高度，就采用以其主要活动为主，其信札为辅，按年代编织的手法，坚守“其言直，其事核，不虚美，不隐恶”（班固《汉书・司马迁传》）的创作原则，精心刻画梁任公。这也是撰写《民国清流》七卷本秉承的创作原则。

我已八十有二，垂垂老矣，不仅学识浅薄，记忆又明显衰退，撰写中难免有疏漏、谬误之处，望读者谅我。

2024 年 1 月 19 日是梁任公辞世九十五周年祭，谨以本书为一束鲜花，祭悼这位“知名当世，所至有声”的历史伟人。是为跋。

癸卯年冬于抱独斋